PSICOLOGÍA DEL DINERO

Descubriendo los secretos de la libertad financiera

IBRAHIM RASAQ

DEDICACIÓN

A todas las mentes curiosas y aventureros financieros, este libro está dedicado a desentrañar el enigmático laberinto de la Psicología del Dinero. Con cada página que pases, podrás embarcarte en un viaje transformador a través de la intrincada interacción del comportamiento humano y las elusivas fuerzas de la riqueza. Deje que estas palabras lo inspiren a cuestionar, reflexionar y atreverse mientras navega por las misteriosas profundidades de nuestra relación con el dinero, descubriendo nuevas verdades que iluminan el camino hacia la prosperidad, el propósito y la profunda autoconciencia. Abrace la psicología del dinero, porque contiene la clave para desbloquear los misterios del corazón y los tesoros del alma.

CONTENIDO

EXPRESIONES DE GRATITUD

Me gustaría extender mi más sincero agradecimiento a todas las personas que han desempeñado un papel integral en la creación de este libro, "Psicología del dinero: Descubriendo los secretos de la libertad financiera".

En primer lugar, estoy profundamente agradecido a mi familia por su inquebrantable apoyo y aliento a lo largo de este viaje de escritura. Su comprensión y paciencia han sido fundamentales al permitirme el tiempo y el espacio para profundizar en las profundidades de este fascinante tema.

Estoy en deuda con mis amigos y colegas que me brindaron ideas invaluables, debates estimulantes y comentarios constructivos que enriquecieron el contenido de este libro. Sin duda, sus diversas perspectivas y reflexivas contribuciones han dado forma a su narrativa.

Una mención especial para mis mentores y asesores que me guiaron con su experiencia y sabiduría, ayudándome a navegar por conceptos complejos y garantizando la exactitud de la información presentada.

También agradezco a la comunidad investigadora por su amplio conjunto de conocimientos, que sirvieron de base para este trabajo. Su investigación pionera y sus ideas innovadoras me han inspirado a explorar la intrigante relación entre la psicología y las finanzas.

Por último, pero no menos importante, expreso mi agradecimiento a los lectores y partidarios de este libro. Su interés y entusiasmo por comprender la psicología detrás del dinero y la libertad financiera me han motivado a resumir estos conocimientos en un formato coherente y accesible.

Este libro es un esfuerzo colectivo y sin la colaboración de estas extraordinarias personas no habría sido posible. Extiendo mi más sincero agradecimiento a cada uno de ustedes por ser parte de este viaje y ayudarme a hacer realidad "Psicología del dinero: Descubriendo los secretos de la libertad financiera".

INTRODUCCIÓN

Comprender la psicología del dinero puede ser la clave para desbloquear una vida de riqueza e independencia financiera en un mundo dominado por las necesidades materiales y la inseguridad económica... "La Psicología del Dinero" profundiza en las complejidades de nuestra relación con el dinero, revelando la influencias ocultas y patrones de pensamiento que dan forma a nuestras decisiones financieras. Este fascinante libro combina instancias en tiempo real, citas lógicas y una narración convincente para presentar ideas prácticas que tienen el poder de impactar positivamente su estilo de vida. El dinero no es sólo un mero instrumento de intercambio; conlleva un profundo significado psicológico y emocional en nuestras vidas. Desde nuestras primeras experiencias con el dinero cuando éramos niños hasta las complejas decisiones financieras que tomamos como adultos, nuestras actitudes, creencias y comportamientos en torno al dinero están profundamente arraigados en nosotros. Nos demos cuenta o no, nuestras decisiones financieras a menudo están guiadas por poderosas fuerzas subconscientes.

Al examinar la mentalidad de los ricos, podemos descubrir los secretos detrás de su éxito. Los ricos poseen una perspectiva única sobre el dinero, y lo ven como una herramienta de oportunidad y crecimiento en lugar de una fuente de estrés y ansiedad. A través de una serie de instancias en tiempo real, exploramos la mentalidad de riqueza y descubrimos cómo adoptarla puede abrir puertas a la abundancia financiera.

No se puede subestimar la influencia de las emociones en nuestras decisiones financieras. El miedo, la codicia y la impaciencia pueden nublar nuestro juicio y conducir a resultados perjudiciales. Al analizar estudios de casos y basarnos en investigaciones psicológicas, obtenemos una comprensión más profunda de cómo las emociones impactan nuestra relación con el dinero. Armado con este conocimiento, podrá desarrollar la inteligencia emocional, lo que le permitirá tomar decisiones financieras racionales incluso ante la incertidumbre.

Uno de los pilares fundamentales de la estabilidad financiera es la elaboración de presupuestos. Sin embargo, la elaboración de presupuestos a menudo se malinterpreta y se considera restrictiva. En "La psicología del dinero", desacreditamos este mito y demostramos cómo la elaboración de presupuestos puede servir como una herramienta liberadora para alcanzar objetivos financieros. Al ofrecer métodos prácticos y utilizar tecnología, le permitimos crear presupuestos personalizados que se alineen con sus valores y aspiraciones.

Debido a ingeniosas estrategias de marketing y nuestra necesidad fundamental de aprobación social, el consumismo ha quedado arraigado en nuestra cultura. En este libro examinamos las estrategias psicológicas utilizadas por los especialistas en marketing, así como las consecuencias ocultas del consumo excesivo. Lo dirigimos hacia una actitud más reflexiva hacia el gasto y el bienestar financiero al iluminar el impacto de la comparación social y brindarle consejos de consumo consciente.

La inversión a menudo se considera un ámbito complejo e intimidante, plagado de incertidumbres y riesgos. Sin embargo, al descubrir la psicología detrás de las decisiones de inversión, desmitificamos este proceso. A través de la exploración de sesgos comunes, la percepción del riesgo y la construcción de carteras, usted obtiene la confianza y el conocimiento para tomar decisiones de inversión informadas y alineadas con sus objetivos y tolerancia al riesgo. El dinero y las relaciones pueden ser una combinación desafiante. Los desacuerdos sobre las finanzas pueden poner a prueba incluso las alianzas más sólidas. Al comprender la dinámica psicológica en juego, aprenderá estrategias efectivas para administrar las finanzas compartidas, generar confianza y fomentar la comunicación abierta dentro de las relaciones.

Finalmente, el libro explora el poder transformador de la generosidad y la abundancia. Al examinar las recompensas psicológicas de dar, descubrimos cómo incorporar la filantropía a nuestra planificación financiera puede mejorar nuestro bienestar general y nuestra sensación de realización.

"La Psicología del Dinero" le ofrece un viaje transformador hacia su propia psicología financiera, dotándola de conocimientos invaluables y herramientas prácticas para mejorar su relación con el dinero. Al combinar instancias en tiempo real, citas matemáticas y lógicas y una narración atractiva, este libro permite a las personas tomar decisiones informadas, adoptar hábitos financieros saludables y, en última instancia, lograr una vida de verdadera libertad y satisfacción financiera. ¿Estás listo para embarcarte en este viaje de autodescubrimiento y descubrir los secretos para dominar la psicología del dinero?

EL CAMBIO DE MENTALIDAD: ADOPTAR UNA MENTALIDAD DE RIQUEZA

- Examinar la mentalidad de los ricos y en qué se diferencia de la perspectiva de la persona promedio.
- El poder de los sistemas de creencias y cómo dan forma a nuestros resultados financieros.
- Estrategias para cultivar una mentalidad positiva y abundante para atraer riqueza.

En última instancia, este capítulo sirve como una introducción reveladora al poder de la mentalidad a la hora de dar forma a nuestras realidades financieras. Enfatiza que cualquiera puede cultivar una mentalidad de riqueza, independientemente de su situación financiera actual. Al examinar las actitudes, creencias y prácticas de los ricos y al proporcionar pasos prácticos y conocimientos psicológicos, se le anima a embarcarse en un viaje transformador hacia la adopción de una mentalidad de riqueza. Este cambio de mentalidad servirá como una base sólida para los capítulos siguientes del libro, permitiéndole tomar decisiones financieras informadas e impactar positivamente su estilo de vida.

Embarquémonos en una exploración transformadora de la mentalidad necesaria para cultivar la abundancia financiera. Si bien es importante recordar que las mentalidades pueden variar significativamente entre los individuos, incluidos tanto los ricos como la persona promedio, existen ciertas actitudes y creencias que tienden a diferenciar a estos dos grupos. Aquí hay algunas diferencias marcadas que se observan comúnmente entre la mentalidad de los ricos y la de la persona promedio:

1. Mentalidad de creación de riqueza y oportunidades: los ricos a menudo tienen una mentalidad centrada en la creación de riqueza y en ver oportunidades donde otros no. Buscan y crean activamente oportunidades para generar riqueza, ya sea a través del espíritu empresarial, la inversión u otros medios. Las personas promedio, por otro lado, pueden estar más inclinadas a centrarse en un empleo estable y tener una mentalidad centrada en la seguridad financiera en lugar de en la creación de riqueza.

2. Asunción de riesgos y miedo al fracaso: los ricos tienden a tener una mayor tolerancia al riesgo y están más dispuestos a asumir riesgos calculados para alcanzar sus objetivos. Entienden que el fracaso es parte del viaje y no se dejan disuadir por los contratiempos. Por el contrario, la persona promedio puede ser más reacia al riesgo y renuente a salir de su zona de confort debido al miedo al fracaso o a la posible pérdida de estabilidad financiera.

3. Pensamiento a largo plazo y gratificación retrasada: las personas ricas suelen tener una mentalidad a largo plazo y comprenden el valor de la gratificación retrasada. Están dispuestos a hacer sacrificios a corto plazo e invertir tiempo, esfuerzo y recursos en objetivos a largo plazo, como crear negocios o adquirir activos que se apreciarán con el tiempo. La persona promedio puede estar más enfocada en la satisfacción inmediata y puede resultarle difícil retrasar la gratificación para obtener beneficios futuros.

4. Educación financiera y aprendizaje continuo: los ricos tienden a priorizar la educación financiera y buscan activamente conocimientos sobre inversión, administración del dinero y preservación de la riqueza. Entienden el poder de la educación financiera y aprenden continuamente sobre finanzas personales y estrategias de inversión. Las personas promedio pueden tener una comprensión más limitada de los conceptos financieros y es posible que no prioricen el aprendizaje continuo en esta área.

5. Establecimiento de redes y construcción de relaciones: las personas ricas a menudo reconocen la importancia de construir y mantener redes sólidas. Buscan activamente oportunidades para conectarse con personas, mentores y socios comerciales de ideas afines, lo que puede abrir puertas a nuevas oportunidades y colaboraciones. La persona promedio puede tener una red más pequeña y no poner tanto énfasis en la creación de redes para avanzar profesional o financieramente.

6. Mentalidad de abundancia: los ricos a menudo exhiben una mentalidad de abundancia, creyendo que hay amplias oportunidades y recursos disponibles para ellos. Se centran en el crecimiento y las posibilidades más que en la escasez o las limitaciones. Por el contrario, la persona promedio puede tener una mentalidad influenciada por la escasez, creyendo que los recursos son limitados y que hay un pastel fijo que dividir.

Es importante señalar que estas diferencias son generalizaciones y no absolutas. La mentalidad individual puede verse moldeada por varios factores, incluida la crianza, la educación, las experiencias personales y los valores. Además, las personas pueden hacer la transición entre estas mentalidades a lo largo de sus vidas en función de sus circunstancias y desarrollo personal.

A través de una serie de instancias en tiempo real y análisis en profundidad, lo invitamos a adentrarse en las mentes de personas exitosas que han logrado un éxito financiero extraordinario. Examinamos cómo ven el dinero no como un recurso escaso sino como una herramienta para la oportunidad y el crecimiento. Los ricos entienden que el dinero no es un fin en sí mismo, sino más bien un medio para crear la vida que desean: una vida llena de experiencias, libertad y contribuciones significativas.

Al comprender su forma de pensar, podemos obtener información sobre cómo ven y utilizan el dinero para crear la vida que desean. A continuación, se muestran algunos casos en tiempo real y análisis en profundidad:

Adoptar una mentalidad de riqueza: las personas exitosas a menudo adoptan una mentalidad de riqueza, que implica ver el dinero como abundante y las oportunidades ilimitadas. Entienden que el dinero es una herramienta que se puede aprovechar para crear más riqueza y abrir puertas a nuevas posibilidades. Se centran en la abundancia más que en la escasez y abordan las decisiones financieras con una mentalidad orientada al crecimiento.

Inversiones estratégicas: las personas ricas ven el dinero como un medio para realizar inversiones estratégicas que generan retornos futuros. Reconocen que una asignación inteligente del capital puede conducir a una acumulación de riqueza con el tiempo. Ya sea invirtiendo en acciones, bienes raíces, negocios u otros activos, analizan cuidadosamente los riesgos y recompensas, buscando oportunidades de crecimiento a largo plazo.

Espíritu emprendedor: muchas personas financieramente exitosas poseen un espíritu emprendedor y ven el dinero como un catalizador para construir negocios y crear valor. Reconocen que el espíritu empresarial ofrece el potencial de obtener importantes recompensas financieras y realización personal. Están dispuestos a asumir riesgos calculados, invertir sus recursos y perseguir ideas innovadoras que tengan el potencial de generar retornos significativos.

Libertad y diseño de estilo de vida: las personas ricas a menudo priorizan el éxito financiero como un medio para lograr la libertad y diseñar el estilo de vida que desean. Entienden que el dinero puede proporcionar recursos para viajar, dedicarse a pasatiempos, pasar tiempo con sus seres queridos y experimentar una mejor calidad de vida. Alinean sus objetivos financieros con sus valores y aspiraciones personales, buscando una vida con propósito y realización.

Filantropía y marcar la diferencia: muchas personas financieramente exitosas encuentran sentido al uso de su riqueza para generar un impacto positivo en la sociedad. Ven el dinero como una herramienta para la filantropía y contribuciones significativas. Ya sea a través de donaciones caritativas, financiación de iniciativas sociales o apoyo a causas en las que creen, reconocen la capacidad de lograr cambios positivos en el mundo.

Aprendizaje y crecimiento continuo: las personas adineradas comprenden la importancia del aprendizaje continuo y el desarrollo personal. Invierten en ampliar sus conocimientos y habilidades, no sólo en finanzas e inversiones sino también en otras áreas de interés. Reconocen que el crecimiento personal contribuye a su capacidad para identificar y aprovechar nuevas oportunidades.

Creación de redes y relaciones: las personas exitosas reconocen el valor de construir redes y relaciones sólidas. Entienden que las conexiones con personas, mentores y expertos de la industria con ideas afines pueden brindar oportunidades de colaboración, aprendizaje y crecimiento. Buscan activamente oportunidades de networking, conferencias y eventos para ampliar su capital social.

En resumen, las personas financieramente exitosas ven el dinero como una herramienta de oportunidad y crecimiento. Adoptan una mentalidad de riqueza, realizan inversiones estratégicas, adoptan el espíritu empresarial, priorizan la libertad personal y el diseño de estilos de vida, se involucran en la filantropía, buscan un aprendizaje continuo y cultivan redes valiosas. Al comprender estas perspectivas, podemos obtener información sobre cómo navegan por el panorama financiero y crean las vidas que desean.

Conceptos erróneos y mitos sociales en torno a la riqueza

Existen varios conceptos erróneos y mitos sociales en torno a la riqueza que pueden moldear las percepciones y actitudes de las personas. Exploremos dos comunes:

1. La riqueza es únicamente el resultado de la suerte o de un comportamiento poco ético: una idea errónea prevaleciente es que la riqueza se logra principalmente a través de la suerte o de medios poco éticos. Si bien la suerte o las circunstancias afortunadas pueden influir en algunos casos, es importante reconocer que la creación de riqueza a menudo implica una combinación de factores como el trabajo duro, la perseverancia, la toma de decisiones estratégicas y el aprovechamiento de oportunidades. Muchas personas ricas han logrado su éxito a través del espíritu empresarial, la innovación, las inversiones inteligentes y una gestión financiera diligente.

Si bien el comportamiento poco ético y los atajos pueden generar ganancias a corto plazo, no son representativos de la mayoría de las personas ricas. Es fundamental evitar pintar a todas las personas ricas con el mismo pincel y, en cambio, reconocer que existen caminos éticos y no éticos hacia el éxito financiero.

2. La riqueza garantiza la felicidad: Otro mito común es la creencia de que la riqueza garantiza automáticamente la felicidad. Si bien la estabilidad financiera puede contribuir al bienestar general al brindar seguridad, acceso a recursos y la capacidad de buscar experiencias, la felicidad es un concepto complejo y multifacético. El bienestar emocional está influenciado por varios factores como las relaciones, la salud, el propósito y la realización personal, que no pueden atribuirse únicamente a la riqueza.

Es importante comprender que la riqueza no inmuniza a las personas contra los desafíos de la vida, los problemas de salud mental o las luchas personales. La felicidad y la satisfacción con la vida provienen de un equilibrio holístico de diferentes aspectos de la vida, incluidas las relaciones personales, las actividades significativas y el sentido de propósito.

Al disipar estos conceptos erróneos y mitos sobre la riqueza, podemos fomentar una comprensión más matizada del éxito financiero y su relación con la felicidad y la realización personal. Es crucial reconocer que la riqueza no está determinada únicamente por la suerte o el comportamiento poco ético y que la felicidad no puede equipararse exclusivamente con la abundancia financiera.

Ser riqueza factual es a menudo un subproducto de hábitos financieros disciplinados, toma de decisiones estratégicas y una mentalidad centrada en crear valor para los demás.

Creencias limitantes y su impacto en nuestros resultados financieros

Creencias profundamente arraigadas como "el dinero es la raíz de todos los males" o "los ricos son codiciosos" pueden crear barreras subconscientes que impiden que las personas busquen riqueza y éxito financiero. Desafiar estas creencias limitantes es esencial para desarrollar una mentalidad que fomente la abundancia y supere las limitaciones autoimpuestas. Así es como puedes reconocer y desafiar estas creencias:

1. Examinar los orígenes de las creencias: reflexionar sobre dónde se originaron estas creencias. A menudo, están moldeados por condicionamientos sociales, influencias culturales, representaciones de los medios o experiencias personales. Reconocer que las creencias no son verdades universales sino interpretaciones subjetivas.

2. Busque perspectivas alternativas: busque perspectivas y narrativas alternativas que desafíen estas creencias. Lea libros, escuche podcasts o participe en debates que brinden una comprensión más equilibrada y matizada de la riqueza y el éxito. Conozca a las personas que han utilizado su riqueza para lograr un impacto positivo, filantropía y crear oportunidades para otros.

3. Analizar experiencias personales: analiza tus propias experiencias con el dinero y la riqueza. ¿Ha sido testigo de ejemplos de generosidad y contribuciones positivas por parte de personas ricas? ¿Se ha encontrado con casos en los que el dinero se ha utilizado como fuerza para hacer el bien? Al reflexionar sobre experiencias personales, puedes desafiar la creencia de que todas las personas ricas son inherentemente codiciosas.

4. Reformule las creencias: comience a replantear estas creencias limitantes reemplazándolas conscientemente con creencias más empoderadoras y precisas. Por ejemplo, puede reemplazar "el dinero es la raíz de todos los males" por "el dinero es una herramienta que puede usarse para lograr cambios positivos y marcar la diferencia". Al reformular estas creencias, puedes abrirte a la idea de que la riqueza puede ser una fuerza para el bien y un medio para alcanzar metas personales y contribuir a la sociedad.

5. Rodéate de influencias positivas: rodéate de personas que tengan una mentalidad saludable hacia la riqueza y el éxito. Interactúe con comunidades o mentores que encarnen los valores y actitudes que aspira adoptar. Las influencias positivas pueden ayudar a reforzar una mentalidad de abundancia y fomentar el crecimiento personal.

6. Tome acción y adopte la educación financiera: Libérese de las limitaciones autoimpuestas tomando medidas para lograr la educación financiera y el empoderamiento. Obtenga información sobre finanzas personales, inversiones y estrategias de creación de riqueza. Tomar medidas para mejorar sus conocimientos financieros y trabajar activamente para alcanzar sus objetivos financieros puede ayudarle a cambiar su mentalidad hacia la abundancia.

Recuerde, desafiar estas creencias limitantes requiere tiempo y esfuerzo constante. Sea paciente consigo mismo mientras navega por este proceso de transformación de mentalidad. Al adoptar una mentalidad que fomente la abundancia y desafiar las creencias limitantes, podrá empoderarse para buscar riqueza y éxito financiero con integridad y propósito.

La mentalidad que adoptamos juega un papel crucial en la configuración de nuestros resultados financieros. Nuestras actitudes, creencias y perspectivas sobre el dinero tienen un impacto directo en las acciones que tomamos y las decisiones que tomamos con respecto a nuestras finanzas. A continuación, se presentan algunas razones clave por las que la mentalidad es importante a la hora de dar forma a nuestros resultados financieros:

1. Creencias sobre abundancia versus escasez: nuestra mentalidad determina si vemos el mundo desde una mentalidad de abundancia o escasez. Una mentalidad de escasez se centra en las limitaciones, el miedo y la carencia, lo que genera miedo a correr riesgos y perder

oportunidades. Por el contrario, una mentalidad de abundancia ve posibilidades, oportunidades y potencial de crecimiento. Al cultivar una mentalidad de abundancia, nos abrimos a las oportunidades financieras y es más probable que asumamos riesgos calculados que pueden conducirnos a un mayor éxito financiero.

2. Confianza en uno mismo: una mentalidad positiva infunde confianza en uno mismo y en nuestra capacidad para lograr el éxito financiero. Creer en nuestras propias capacidades, fijarnos objetivos elevados y tener confianza en nuestras decisiones financieras puede llevarnos a tomar medidas proactivas hacia la creación de riqueza. Por otro lado, una mentalidad negativa o autolimitante puede erosionar la confianza y provocar conductas de autosabotaje y oportunidades perdidas.

3. Educación financiera y mentalidad de aprendizaje: adoptar una mentalidad de crecimiento en lo que respecta al conocimiento financiero es crucial. La búsqueda continua de ampliar nuestra educación y comprensión financiera nos permite tomar decisiones más informadas. Una mentalidad que valora el aprendizaje y el crecimiento nos permite adaptarnos a las condiciones económicas cambiantes, identificar nuevas oportunidades de inversión y tomar decisiones financieras acertadas que se alineen con nuestros objetivos.

4. Persistencia y resiliencia: el éxito financiero a menudo requiere persistencia y resiliencia frente a desafíos y reveses. Una mentalidad resiliente nos permite recuperarnos de los fracasos, aprender de los errores y seguir avanzando. Ver los reveses como experiencias de aprendizaje en lugar de fracasos permanentes nos permite mantenernos motivados y enfocados en nuestras metas financieras a largo plazo.

5. El dinero como herramienta para lograr un impacto positivo: nuestra forma de pensar en torno al dinero puede determinar cómo lo utilizamos como herramienta para lograr un impacto positivo. Al cultivar una mentalidad que ve el dinero como un medio para crear valor, marcar la diferencia y contribuir al bienestar propio y de los demás, podemos alinear nuestras decisiones financieras con nuestros valores y crear una sensación de plenitud junto con la abundancia financiera.

Es importante señalar que la mentalidad por sí sola no es suficiente para el éxito financiero; También son necesarias la acción y la planificación estratégica. Sin embargo, al comprender y cultivar activamente una mentalidad alineada con la abundancia financiera, podemos mejorar nuestros resultados financieros y crear una relación positiva con el dinero.

Importancia del establecimiento y visualización de objetivos para cultivar una mentalidad de riqueza

El establecimiento de objetivos y la visualización desempeñan un papel crucial en el cultivo de una mentalidad de riqueza. Ayudan a las personas a aclarar sus aspiraciones, crear una hoja de ruta para el éxito y fomentar una mentalidad centrada en la abundancia y los logros. He aquí un vistazo más de cerca a la importancia de establecer y visualizar objetivos para cultivar una mentalidad de riqueza:

1. Claridad y enfoque: el establecimiento de objetivos proporciona claridad y dirección. Ayuda a las personas a definir lo que realmente desean en términos de éxito financiero y creación de riqueza. Al establecer metas claras y específicas, como ingresos objetivo, patrimonio neto o hitos empresariales, las personas pueden canalizar su atención y energía hacia el logro de esos objetivos. La claridad de los objetivos permite una mejor toma de decisiones, asignación de recursos y priorización de esfuerzos.

2. Motivación y persistencia: las metas actúan como motivadores, inspirando a las personas a tomar medidas consistentes hacia sus aspiraciones financieras. Cuando las personas tienen objetivos claros, es más probable que perseveren a través de desafíos, reveses y fracasos temporales. Pueden seguir comprometidos con su camino, hacer los ajustes necesarios y seguir avanzando con resiliencia y determinación.

3. Visualización y ensayo mental: la visualización implica la creación de imágenes mentales vívidas de los resultados y experiencias deseados. Al visualizarse periódicamente logrando sus objetivos financieros, las personas desarrollan una fuerte creencia en su capacidad para lograr riqueza y éxito. La visualización mejora la motivación, aumenta la confianza y programa la mente subconsciente para el éxito. Puede ayudar a las personas a superar creencias limitantes y alinear sus pensamientos, emociones y

acciones con los resultados financieros deseados.

4. Crear una mentalidad de riqueza: el establecimiento y la visualización de objetivos contribuyen al desarrollo de una mentalidad de riqueza. Al establecer objetivos específicos y desafiantes, las personas entrenan sus mentes para pensar en grande y ampliar sus sistemas de creencias sobre lo que es posible. La visualización regular de resultados exitosos refuerza una mentalidad positiva y optimista, cambiando el enfoque de la escasez a la abundancia. Ayuda a las personas a percibir oportunidades, tomar decisiones estratégicas y cultivar una actitud proactiva hacia la creación de riqueza.

5. Planificación de acción y responsabilidad: establecer objetivos permite a las personas crear planes de acción y dividir sus aspiraciones financieras en pasos viables. Este proceso ayuda a identificar los recursos, habilidades y estrategias necesarios para lograr los resultados deseados. Al establecer hitos mensurables y responsabilizarse, las personas pueden realizar un seguimiento de su progreso, realizar los ajustes necesarios y celebrar los logros a lo largo del camino.

6. Impulso y crecimiento continuo: el establecimiento y la visualización de objetivos crean impulso y un ciclo de crecimiento continuo. A medida que las personas logran sus objetivos financieros, ganan confianza, competencia y una sensación de realización. Este éxito los motiva aún más a establecer metas nuevas y más ambiciosas y continuar expandiendo su mentalidad de riqueza. Se convierte en un ciclo que se refuerza a sí mismo y consiste en establecer objetivos más altos, tomar medidas, lograr el éxito y perseguir un mayor crecimiento.

En resumen, el establecimiento de objetivos y la visualización son herramientas poderosas para cultivar una mentalidad de riqueza. Proporcionan claridad, motivación y concentración, al mismo tiempo que moldean una mentalidad positiva y fomentan el crecimiento continuo. Al establecer objetivos claros, visualizar el éxito y tomar medidas coherentes, las personas pueden desbloquear todo su potencial, atraer oportunidades y alcanzar sus aspiraciones financieras.

Adoptar un enfoque proactivo para la creación de riqueza, junto con hábitos financieros disciplinados, puede conducir potencialmente a un crecimiento exponencial del bienestar financiero con el tiempo. Reflexione sobre los siguientes enfoques.

Interés compuesto: al adoptar un enfoque proactivo para la creación de riqueza y ahorrar o invertir constantemente una parte de sus ingresos, puede aprovechar el poder del interés compuesto. El interés compuesto permite que tus ahorros o inversiones crezcan no sólo en función del capital inicial sino también de los intereses o rendimientos acumulados. Con el tiempo, este efecto compuesto puede conducir a un crecimiento exponencial de su patrimonio.

Inversión estratégica: ser proactivo en la creación de riqueza a menudo implica tomar decisiones de inversión estratégicas. Al realizar una investigación exhaustiva, identificar posibles oportunidades de inversión y asignar estratégicamente sus recursos, puede aumentar sus posibilidades de obtener mayores rendimientos de sus inversiones. Las decisiones de inversión bien informadas, junto con un enfoque disciplinado, pueden contribuir a un crecimiento exponencial de su bienestar financiero.

Activos generadores de riqueza: Adoptar un enfoque proactivo significa buscar y adquirir activamente activos generadores de riqueza, como acciones, bienes raíces o negocios. Estos activos tienen el potencial de apreciarse en valor con el tiempo, creando riqueza a través de ganancias de capital o mayores flujos de ingresos. Al aumentar constantemente su cartera de activos generadores de riqueza y administrarlos de manera efectiva, puede mejorar su bienestar financiero a largo plazo.

Aprendizaje continuo y desarrollo de habilidades: invertir proactivamente en sus conocimientos y habilidades puede tener un impacto significativo en su bienestar financiero. Al aprender continuamente sobre finanzas personales, estrategias de inversión, emprendimiento u otras áreas relevantes, podrá tomar decisiones informadas, identificar nuevas oportunidades y mejorar su potencial de ingresos. Este crecimiento continuo en conocimientos y habilidades puede contribuir a un crecimiento financiero exponencial.

Disciplina y coherencia: adoptar hábitos financieros disciplinados es crucial para la creación de riqueza a largo plazo. Si sigue constantemente un presupuesto, practica la frugalidad, evita deudas innecesarias y ahorra o invierte con regularidad, puede construir una base sólida para el bienestar financiero. La disciplina para ceñirse a su plan financiero y mantener hábitos constantes a lo largo del tiempo puede generar un crecimiento exponencial de su patrimonio.

Si bien la situación financiera y los resultados de cada individuo pueden variar, adoptar un enfoque proactivo para la creación de riqueza y hábitos financieros disciplinados proporciona una base lógica para el potencial de crecimiento exponencial del bienestar financiero. Es importante señalar que los mercados financieros y los rendimientos de las inversiones pueden estar sujetos a fluctuaciones y riesgos, y las circunstancias individuales pueden variar. Se debe buscar asesoramiento financiero profesional y una investigación exhaustiva antes de realizar cualquier inversión o decisión financiera.

LA MONTAÑA RUSA EMOCIONAL: COMPRENDER LA INFLUENCIA DE LAS EMOCIONES EN EL DINERO

- El impacto de emociones como el miedo, la codicia y la impaciencia en la toma de decisiones financieras.
- Estudios de caso que exploran los aspectos psicológicos de las decisiones de inversión.
- Técnicas para dominar la inteligencia emocional y tomar decisiones financieras racionales.

Aquí profundizamos en la profunda influencia de las emociones en nuestra toma de decisiones financieras. Explora la intrincada relación entre nuestras emociones, nuestras creencias sobre el dinero y las acciones resultantes que tomamos al administrar nuestras finanzas.

Imagine a una persona que ha invertido en una cartera diversificada de acciones y bonos para sus ahorros para la jubilación. Han elegido cuidadosamente estas inversiones en función de su potencial de crecimiento a largo plazo y cuentan con una estrategia de inversión bien definida. Sin embargo, cuando ocurre una desaceleración del mercado, comienzan a experimentar miedo y ansiedad por la posible pérdida del dinero que tanto les costó ganar.

Impulsado por este miedo, el individuo vende apresuradamente sus inversiones durante la crisis, con la esperanza de evitar mayores pérdidas.

Pueden creer que al salir del mercado pueden proteger su capital y evitar cualquier posible caída adicional. Esta reacción está alimentada por una respuesta emocional al miedo más que por una evaluación racional de las condiciones del mercado o una consideración de sus objetivos de inversión a largo plazo.

Desafortunadamente, al sucumbir al miedo y vender sus inversiones apresuradamente, este individuo pierde las ganancias potenciales a largo plazo que a menudo siguen a las caídas del mercado. Históricamente, los mercados han mostrado una tendencia a recuperarse e incluso experimentar un crecimiento significativo con el tiempo. Al vender sus inversiones durante una recesión, el individuo no sólo asegura sus pérdidas, sino que también pierde la oportunidad de beneficiarse de la posterior recuperación del mercado.

Este escenario ilustra cómo el miedo puede conducir a decisiones financieras perjudiciales. Emociones como el miedo pueden nublar nuestro juicio y hacernos tomar decisiones impulsivas que pueden no alinearse con nuestros objetivos a largo plazo. Vender inversiones durante una recesión del mercado basándose únicamente en el miedo puede resultar en vender barato y perder ganancias potenciales cuando el mercado finalmente se recupere.

Manejar el miedo en la toma de decisiones financieras es crucial. Es esencial recordar a las personas que invertir en el mercado de valores implica inherentemente volatilidad y fluctuaciones a corto plazo. En lugar de tomar decisiones basadas en un miedo momentáneo, es importante centrarse en una estrategia de inversión bien pensada, en la diversificación y en una perspectiva a largo plazo.

Al educar a las personas sobre el impacto del miedo en las decisiones financieras y proporcionarles estrategias para gestionar y mitigar esta emoción, puede ayudarles a tomar decisiones más informadas que se alineen con sus objetivos financieros a largo plazo.

Este ejemplo ilustra los efectos perjudiciales del miedo en las decisiones de inversión y la importancia de gestionar las emociones cuando se trata de dinero.

Para ilustrar mejor el impacto de las emociones, había una persona llamada Mark que siempre había estado impulsada por un fuerte sentido de codicia. Tenía un deseo de riquezas y posesiones materiales que parecía insaciable. Mark tenía un trabajo bien remunerado y vivía una vida cómoda, pero nunca fue suficiente para él. Quería más y lo quería rápidamente.

Impulsado por su insaciable codicia, Mark comenzó a adoptar hábitos de gasto imprudentes. Compró artículos de lujo por encima de sus posibilidades, acumuló deudas con tarjetas de crédito y vivió un estilo de vida que no podía permitirse. Creía que estas posesiones materiales le traerían felicidad y cumplirían sus deseos de éxito y estatus.

Sin embargo, el gasto imprudente de Mark fue sólo la punta del iceberg. También buscó multiplicar su riqueza rápidamente mediante inversiones arriesgadas. Le atraían los planes de enriquecimiento rápido, las oportunidades de inversión de alto rendimiento y las empresas especulativas que prometían enormes beneficios. Mark estaba dispuesto a asumir riesgos sustanciales sin comprender ni considerar plenamente las posibles consecuencias.

A medida que invirtió mayores sumas de dinero en estas empresas arriesgadas, la emoción inicial de la riqueza potencial lo cegó ante los riesgos asociados. La codicia de Mark eclipsó su capacidad para tomar decisiones racionales basadas en un análisis cuidadoso y la debida diligencia. Ignoró las señales de advertencia y desoyó los consejos de los expertos, convencido de que estaba en el camino hacia riquezas ilimitadas.

Desafortunadamente, la historia de Mark empeoró. Las inversiones especulativas en las que había dependido en gran medida resultaron ser fraudulentas o colapsaron debido a modelos de negocio insostenibles. Las arriesgadas decisiones financieras que había tomado le provocaron pérdidas sustanciales. La deuda derivada de sus imprudentes hábitos de gasto combinada con las inversiones fallidas dejó a Mark en una situación financiera desesperada.

Al enfrentarse a la ruina financiera, Mark se dio cuenta de las devastadoras consecuencias de su codicia. Las posesiones materiales que había adquirido eran ahora pesados recordatorios de sus decisiones imprudentes. Tuvo que afrontar la realidad de su situación financiera y las consecuencias de sus acciones.

La historia de Mark sirve como advertencia sobre los peligros de la codicia desenfrenada. Destaca cómo un deseo excesivo de riqueza y rendimientos rápidos puede conducir a gastos imprudentes, malas decisiones financieras y, en última instancia, a la ruina financiera. Nos recuerda la importancia de ejercer prudencia, realizar investigaciones exhaustivas y tomar decisiones informadas basadas en expectativas realistas en lugar de dejarse llevar únicamente por la codicia.

Ante la impaciencia, Sarah, que siempre ha sido conocida por su impaciencia, especialmente cuando se trata de cuestiones financieras. Sarah soñaba con lograr una gran riqueza y éxito, y quería que sucediera rápidamente. Creía que si podía encontrar la inversión o la oportunidad adecuada, podría amasar una fortuna en poco tiempo.

Impulsada por su impaciencia, Sarah a menudo tomaba decisiones financieras precipitadas sin considerar a fondo los riesgos ni realizar una investigación adecuada. Se lanzaría a nuevas tendencias de inversión, persiguiendo retornos rápidos y siguiendo los consejos de autoproclamados gurús financieros que prometen riqueza instantánea. La impaciencia de Sarah la llevó a pasar por alto la importancia de la diligencia debida y la planificación a largo plazo.

Un día, Sarah se topó con una oportunidad de inversión especulativa que parecía demasiado buena para dejarla pasar. Prometía altos rendimientos en un corto período y ella se convenció de que ese era su boleto hacia la riqueza inmediata. Cegado por su impaciencia y el atractivo de las riquezas rápidas, Sarah invirtió una parte importante de sus ahorros sin comprender plenamente las complejidades de la inversión ni evaluar los riesgos asociados.

Con el paso del tiempo, quedó claro que la inversión no estaba a la altura de las expectativas de Sarah. Los beneficios prometidos no se materializaron y ella empezó a experimentar pérdidas financieras. Presa del pánico por la situación e incapaz de esperar un posible cambio de rumbo, Sarah decidió vender su inversión con una pérdida considerable, con la esperanza de salvar lo poco que pudiera.

Desafortunadamente, este no fue el único caso en el que la impaciencia de Sarah se apoderó de ella. Con frecuencia realizaba gastos impulsivos, utilizando tarjetas de crédito para financiar compras y experiencias extravagantes sin considerar las consecuencias a largo plazo. Ella creía que disfrutar el momento presente era más importante que planificar el futuro.

Como resultado de sus decisiones financieras impulsivas, Sarah se encontró enfrentando deudas y problemas financieros crecientes. Luchó por cumplir con sus obligaciones financieras y se vio obligada a hacer importantes sacrificios para intentar recuperar el control de sus finanzas. La impaciencia que alguna vez alimentó sus sueños de riqueza ahora la había llevado por un camino de dificultades y reveses financieros.

La historia de Sarah sirve como advertencia sobre los peligros de la impaciencia en la toma de decisiones financieras. Destaca la importancia de la paciencia, la planificación disciplinada y una perspectiva a largo plazo. Las decisiones impulsivas e impacientes pueden provocar inestabilidad financiera, oportunidades perdidas y deudas abrumadoras.

Además de experiencias identificables, nos basamos en investigaciones psicológicas para brindarle una comprensión sólida de los mecanismos psicológicos en juego. Explora los sesgos cognitivos.

Sesgos cognitivos

Los sesgos cognitivos son tendencias inherentes al pensamiento humano que pueden nublar nuestro juicio y conducir a resultados financieros subóptimos. Exploremos tres sesgos cognitivos comunes: aversión a la pérdida, sesgo de confirmación y exceso de confianza.

1. Aversión a las pérdidas: La aversión a las pérdidas es la tendencia a preferir evitar pérdidas a adquirir ganancias de la misma magnitud. En el contexto de las finanzas, los individuos suelen sentir más intensamente el dolor de una pérdida financiera que el placer de una ganancia equivalente. Este sesgo puede conducir a decisiones financieras subóptimas, como retener inversiones perdedoras durante demasiado tiempo con la esperanza de recuperar pérdidas o vender inversiones ganadoras prematuramente para asegurar

ganancias. Al centrarse demasiado en evitar pérdidas, las personas pueden perder posibles ganancias a largo plazo y no optimizar sus carteras de inversión.

2. Sesgo de confirmación: el sesgo de confirmación es la tendencia a buscar, interpretar y recordar información que confirme nuestras creencias o hipótesis preexistentes mientras ignoramos o descartamos información contradictoria. En finanzas, los individuos pueden buscar selectivamente información que respalde sus decisiones o creencias de inversión sin tener en cuenta la evidencia que los cuestiona. Este sesgo puede impedir que las personas evalúen críticamente sus opciones de inversión o consideren perspectivas alternativas. Puede conducir a una percepción sesgada del riesgo y la recompensa y, en última instancia, dar lugar a decisiones de inversión subóptimas.

3. Exceso de confianza: el sesgo de exceso de confianza se refiere a una sensación inflada de confianza en nuestras habilidades, conocimientos y juicios. En el ámbito financiero, el exceso de confianza puede llevar a las personas a creer que poseen habilidades o conocimientos superiores, lo que los lleva a asumir riesgos excesivos o tomar decisiones de inversión especulativas. Este sesgo puede dar lugar a un exceso de operaciones, a una falta de diversificación adecuada de las carteras o a un desprecio por una gestión adecuada del riesgo. Las personas demasiado confiadas pueden subestimar la complejidad y la imprevisibilidad de los mercados financieros, lo que genera resultados subóptimos y posibles pérdidas financieras.

Estos sesgos cognitivos resaltan la importancia de la autoconciencia y el pensamiento crítico en la toma de decisiones financieras. Al reconocer y comprender estos sesgos, las personas pueden tomar medidas para mitigar sus efectos y tomar decisiones más informadas. Es fundamental permanecer abierto a perspectivas alternativas, buscar diversas fuentes de información y revisar y cuestionar periódicamente nuestras suposiciones de inversión.

Aspectos psicológicos de las decisiones de inversión

1. Estudio de caso: aversión a las pérdidas y mentalidad de rebaño

Sarah, una inversora individual, llevaba algunos años invirtiendo en bolsa. Un día, notó que una de sus inversiones comenzó a perder valor. Temerosa de sufrir más pérdidas e impulsada por la aversión a las pérdidas, Sarah vendió apresuradamente sus acciones, asegurando sus pérdidas. Sin embargo, poco después de la venta, observó que la acción se recuperó y finalmente superó su valor anterior.

Aspecto psicológico: La decisión de Sarah de vender su inversión estuvo influenciada por la aversión a las pérdidas, que es la tendencia a preferir evitar pérdidas antes que adquirir ganancias de la misma magnitud. Experimentó un malestar emocional intenso debido a la posible pérdida y actuó impulsivamente para aliviar el miedo.

Además, Sarah cayó presa de la mentalidad de rebaño, que es la tendencia a seguir las acciones y decisiones de un grupo más grande. Al ver la caída del valor de su inversión, es posible que se haya sentido obligada a vender porque creía que otros estaban haciendo lo mismo, lo que provocó una avalancha de ventas impulsadas por el miedo.

Lecciones aprendidas: este estudio de caso destaca la importancia de gestionar la aversión a las pérdidas y no sucumbir a la mentalidad de rebaño en las decisiones de inversión. Es fundamental mantener una perspectiva a largo plazo, realizar análisis exhaustivos y no dejar que las fluctuaciones del mercado a corto plazo dicten acciones impulsivas.

2. Estudio de caso: exceso de confianza y sesgo de confirmación

John, un autoproclamado gurú de las inversiones, creía que poseía habilidades superiores para predecir las tendencias del mercado de valores. Confiaba en su capacidad para identificar acciones infravaloradas y afirmaba tener una estrategia de inversión infalible. John experimentó constantemente retornos positivos de sus inversiones, lo que reforzó su confianza en su propia experiencia.

Aspecto psicológico: el comportamiento de John refleja un sesgo de exceso de confianza, que es una sensación inflada de confianza en las propias capacidades. Tenía excesiva confianza en sus habilidades de inversión y creía que tenía ventaja sobre el mercado. Este exceso de confianza probablemente contribuyó a su tendencia a asumir mayores riesgos y potencialmente pasar por alto las limitaciones de su estrategia.

Además, John demostró un sesgo de confirmación, que es la tendencia a buscar, interpretar y recordar información que confirma creencias preexistentes. Buscó activamente evidencia que respaldara sus decisiones de inversión sin tener en cuenta información contradictoria. Este sesgo reforzó su creencia en su destreza inversora y limitó su capacidad para evaluar objetivamente sus estrategias.

Lecciones aprendidas: este estudio de caso destaca los peligros del exceso de confianza y el sesgo de confirmación en las decisiones de inversión. Es importante mantener una evaluación realista de las propias capacidades y buscar continuamente diversas perspectivas e información que desafíen las creencias preexistentes. El análisis riguroso, el aprendizaje continuo y la humildad son claves para tomar decisiones de inversión bien informadas.

Estos estudios de caso demuestran cómo los factores psicológicos pueden afectar las decisiones de inversión. La aversión a las pérdidas, la mentalidad de rebaño, el exceso de confianza y el sesgo de confirmación son sólo algunos ejemplos de los sesgos cognitivos que pueden influir en nuestras decisiones financieras. Reconocer y gestionar estos sesgos es esencial para tomar decisiones de inversión acertadas y lograr el éxito financiero a largo plazo.

Para ilustrar mejor el impacto de las emociones en la toma de decisiones financieras, profundicemos en otra experiencia en tiempo real que ejemplifica la influencia de las emociones y sus consecuencias en las finanzas personales.

Imagine un escenario en el que Emily, una joven profesional, recibe una bonificación inesperada en el trabajo. La emoción y una sensación de euforia la invaden mientras imagina todas las formas en que puede gastar el dinero extra. En este momento de intensa emoción, sucumbe a decisiones de compra impulsivas, regalándose artículos de lujo y experiencias indulgentes sin considerar las implicaciones a largo plazo.

Sin embargo, la alegría y la gratificación iniciales se desvanecen rápidamente, dejando a Emily con un sentimiento de arrepentimiento y culpa. El gasto impulsivo no sólo agota su cuenta bancaria, sino que también añade estrés financiero innecesario y pone en peligro su capacidad para alcanzar sus objetivos financieros a largo plazo. La experiencia de Emily destaca la poderosa influencia de las emociones en nuestras decisiones financieras y la necesidad de inteligencia emocional cuando se trata de administrar el dinero.

El impacto de las influencias sociales:

Las influencias sociales pueden tener un impacto significativo en nuestras decisiones financieras, y a menudo llevan a las personas a ajustarse a las normas sociales, incluso si esto ocurre a expensas de su bienestar financiero. He aquí una explicación de este fenómeno:

1. Cultura de consumo: la sociedad a menudo promueve una cultura de consumo que enfatiza las posesiones materiales y un determinado estilo de vida como marcadores de éxito. Esto puede crear una presión para ajustarse a las expectativas sociales y gastar dinero en bienes y experiencias para encajar o ganar aprobación social. Como resultado, las personas pueden priorizar la gratificación a corto plazo sobre el bienestar financiero a largo plazo.

2. Presión de grupo: La presión de grupo juega un papel poderoso en la configuración de las decisiones financieras. Las personas a menudo se sienten obligadas a mantenerse al día con los hábitos de gasto de sus amigos, colegas o círculo social. El miedo a perderse o quedarse atrás financieramente puede llevar a las personas a gastar más allá de sus posibilidades o a tomar decisiones financieras imprudentes para mantener una determinada imagen o estatus social.

3. Comparación social: los humanos tienen una tendencia natural a compararse con los demás. En el contexto de las finanzas, esto puede generar sentimientos de insuficiencia o envidia al percibir a los demás como más exitosos financieramente. Para cerrar esta brecha, las personas pueden sentir la necesidad de gastar demasiado o endeudarse excesivamente para proyectar una imagen de riqueza o éxito, incluso si no es sostenible a largo plazo.

4. Influencia de la publicidad y los medios: la publicidad y los medios desempeñan un papel importante en la configuración de las normas sociales e influyen en el comportamiento del consumidor. A menudo crean una imagen idealizada de éxito y felicidad ligada a productos o experiencias específicas. Los individuos pueden dejarse influenciar por estos mensajes, llevándolos a realizar compras o decisiones financieras basadas en expectativas sociales en lugar de su propio bienestar financiero.

El impulso de conformarse y el bienestar financiero:

Ajustarse a las normas sociales a expensas del bienestar financiero puede tener varias consecuencias negativas:

1. Acumulación de deuda: La presión para conformarse puede llevar a las personas a gastar de más, acumular deudas de tarjetas de crédito o tomar préstamos excesivos para mantener un determinado estilo de vida o satisfacer las expectativas de la sociedad. Esto puede resultar en estrés financiero, ahorros limitados e incapacidad para lograr objetivos financieros a largo plazo.

2. Planificación inadecuada de ahorros y jubilación: priorizar el consumo inmediato sobre la seguridad financiera a largo plazo puede conducir a ahorros y planificación de jubilación insuficientes. Las personas pueden descuidar el ahorro para emergencias, jubilación u otras necesidades futuras debido al deseo de ajustarse a las normas sociales, poniendo en peligro su bienestar financiero a largo plazo.

3. Libertad financiera limitada: sucumbir a las influencias sociales puede restringir la libertad financiera y obstaculizar las elecciones individuales. Las personas pueden sentirse atrapadas en un ciclo de trabajar para mantener un estilo de vida que no pueden permitirse o mantener una imagen que no está alineada con sus verdaderas metas y valores financieros.

Superar el impulso de conformarse:

1. Autoconciencia: Desarrollar la autoconciencia es clave para reconocer la influencia de las normas sociales en las decisiones

financieras. Reflexionar sobre los valores personales, las metas y las prioridades financieras puede ayudar a las personas a tomar decisiones que se alineen con su propio bienestar en lugar de ajustarse a expectativas externas.

2. Educación financiera: desarrollar conocimientos y educación financiera permite a las personas tomar decisiones informadas basadas en sus propias necesidades y objetivos financieros. Comprender conceptos como presupuestación, ahorro, inversión y gestión de deuda puede fortalecer la resiliencia financiera y reducir el impacto de las influencias sociales.

3. Establecer metas financieras personales: Establecer metas financieras claras ayuda a las personas a mantenerse enfocadas en sus propias aspiraciones y resistir la tentación de conformarse. Tener una visión para el futuro y un plan en marcha puede proporcionar motivación y dirección, reduciendo el deseo de tomar decisiones financieras impulsivas que se ajusten a las normas sociales.

4. Buscar redes de apoyo: rodearse de personas con ideas afines que prioricen el bienestar financiero puede ayudar a contrarrestar las influencias sociales negativas. Unirse a comunidades o redes centradas en la educación financiera y la gestión responsable del dinero puede brindar apoyo y aliento en el camino hacia la independencia financiera.

Al ser consciente del impacto de las influencias sociales y tomar medidas para priorizar el bienestar financiero personal, las personas pueden tomar decisiones financieras más conscientes y empoderadas. Requiere pasar de conformarse a las normas sociales a alinear las opciones financieras con los valores personales y los objetivos a largo plazo.

Técnicas para dominar la Inteligencia Emocional

Dominar la inteligencia emocional puede contribuir en gran medida a tomar decisiones financieras racionales. A continuación se muestran algunas técnicas que pueden ayudar a desarrollar la inteligencia emocional y apoyar la toma de decisiones racional en asuntos financieros:

Autoconciencia: Desarrollar la autoconciencia es la base de la inteligencia emocional. Tómese el tiempo para reflexionar sobre sus emociones, pensamientos y factores desencadenantes relacionados con el dinero. Comprenda cómo sus emociones pueden influir en las decisiones financieras. Practica la atención plena y observa tus emociones sin juzgar, lo que te permitirá tomar decisiones más conscientes.

Regulación Emocional: Aprenda a regular sus emociones de manera efectiva. Cuando te enfrentes a decisiones financieras, haz una pausa y respira profundamente. Date tiempo para procesar las emociones que surgen y responde pensativamente en lugar de reaccionar impulsivamente. Practique técnicas de reducción del estrés, como la respiración profunda o la meditación, para gestionar las emociones de forma eficaz.

Reestructuración cognitiva: desafiar y replantear pensamientos negativos o irracionales relacionados con el dinero. Identifique cualquier sesgo cognitivo, como la aversión a la pérdida o el sesgo de confirmación, que puedan afectar su toma de decisiones. Busque evidencia y considere perspectivas alternativas para crear una visión más equilibrada. Este proceso ayuda a reducir los prejuicios emocionales y promueve la toma de decisiones racional.

Empatía y toma de perspectiva: desarrolle empatía considerando las perspectivas de los demás, incluidos aquellos afectados por sus decisiones financieras. Esta comprensión más amplia puede ayudarle a tomar decisiones que se alineen con sus valores y al mismo tiempo considerar el impacto en los demás. La empatía también puede ayudar a negociar asuntos financieros y construir relaciones sólidas con asesores y profesionales financieros.

Busque educación financiera: mejore sus conocimientos y conocimientos financieros. Comprender los conceptos y prácticas financieras aumentará su confianza y le permitirá tomar decisiones más informadas. Asista a talleres, lea libros o participe en cursos en línea para ampliar su inteligencia financiera.

Construya una red de apoyo: rodéese de personas que apoyen y fomenten su bienestar financiero. Participe en conversaciones sobre finanzas personales, busque asesoramiento de mentores confiables o únase a comunidades financieras para intercambiar ideas y obtener conocimientos. Aprender de las experiencias de los demás y compartir las propias puede fortalecer la inteligencia emocional y fomentar una mejor toma de decisiones.

Practique la gratificación retrasada: cultive la capacidad de retrasar la gratificación inmediata para lograr objetivos financieros a largo plazo. Reconozca que el éxito financiero a menudo requiere disciplina, paciencia y sacrificios. Al resistirse al gasto impulsivo y centrarse en objetivos a largo plazo, puede tomar decisiones financieras racionales alineadas con sus aspiraciones más amplias.

Reflexión y aprendizaje continuos: evalúe periódicamente sus decisiones y resultados financieros. Reflexione sobre lo que funcionó bien y lo que se podría mejorar. Aprender de las experiencias y errores del pasado mejora la inteligencia emocional y respalda una toma de decisiones más informada en el futuro.

Al incorporar estas técnicas en su proceso de toma de decisiones financieras, podrá desarrollar inteligencia emocional y tomar decisiones más racionales. Recuerde, es un viaje continuo que requiere práctica y autorreflexión. Con el tiempo, se volverá más experto en gestionar las emociones y tomar decisiones financieras acertadas que se alineen con sus objetivos y valores. Este capítulo sirve como un recordatorio vital de que nuestras emociones pueden afectar significativamente nuestro bienestar financiero. Al explorar experiencias en tiempo real, aprovechar la investigación psicológica y proporcionar herramientas prácticas, estará equipado con el conocimiento y las habilidades para navegar en la montaña rusa emocional del dinero, lo que en última instancia lo llevará a una toma de decisiones financieras más informada y empoderada.

EL ARTE DE PRESUPUESTAR: CREAR UNA HOJA DE RUTA FINANCIERA

- La importancia del presupuesto y su papel en el logro de objetivos financieros.
- Métodos prácticos para crear un presupuesto personalizado que se alinee con los valores y aspiraciones individuales.
- Utilizar tecnología y automatización para agilizar la gestión financiera.

El arte de hacer un presupuesto es la práctica de planificar, rastrear y administrar sus ingresos y gastos para lograr sus objetivos financieros de manera efectiva. Implica crear una hoja de ruta financiera que describa cómo asignará su dinero, ya sea para gastos esenciales, ahorros, inversiones, pagos de deudas u otros objetivos financieros. La elaboración de presupuestos a menudo se malinterpreta y se percibe como restrictiva, pero en realidad es una herramienta poderosa que puede proporcionar claridad, control y una sensación de empoderamiento sobre las propias finanzas.

Érase una vez en la bulliciosa ciudad de Prosperville, vivían dos mejores amigos, Steve y Dan. Ambos tenían grandes sueños y metas financieras ambiciosas. Steve soñaba con iniciar su propio negocio, mientras que Dan aspiraba a viajar por el mundo y conseguir unos ahorros cómodos para el futuro.

Un día, asistieron a un seminario financiero donde un viejo y sabio asesor llamado Robert Blake compartió valiosas lecciones sobre cómo lograr el éxito financiero. Entre las muchas ideas que impartió, la presupuestación se destacó como el aspecto más crucial.

Intrigados por las enseñanzas del Sr. Robert Blake, Steve y Dan decidieron implementar el presupuesto en sus vidas. Se sentaron juntos y elaboraron cuidadosamente sus presupuestos, detallando meticulosamente sus ingresos, gastos y objetivos financieros.

Durante los meses siguientes, se apegaron diligentemente a sus presupuestos. Steve redujo los gastos de cenas y entretenimiento, mientras que Dan encontró formas creativas de ahorrar en sus planes de viaje. Tomaron decisiones financieras de manera más consciente, centrándose en sus prioridades en lugar de permitirse gastos innecesarios.

Con el paso del tiempo, Steve y Dan comenzaron a ver el impacto de la elaboración de presupuestos en su trayectoria financiera. Los ahorros de Steve comenzaron a crecer de manera constante y comenzó a invertir en su idea de negocio. Con un plan financiero claro, podría asignar fondos al desarrollo empresarial y al marketing, paso a paso, acercándose cada vez más a su sueño.

Dan también vio un progreso notable. Su presupuesto disciplinado le permitió permitirse el viaje de sus sueños sin endeudarse. Apartó una parte de sus ingresos para objetivos futuros, como comprar una casa, y se sorprendió de lo rápido que acumuló sus ahorros al hacer un presupuesto.

Una noche, Steve y Dan se reunieron en su café favorito para celebrar sus logros financieros. Se maravillaron del poder del presupuesto y del impacto positivo que tuvo en sus vidas. Ambos estuvieron de acuerdo en que sin un presupuesto, no habrían podido lograr avances tan significativos hacia sus sueños financieros.

Mientras brindaban por su éxito financiero, el Sr. Robert Blake pasó y no pudo evitar escuchar su conversación. Él sonrió, sintiéndose orgulloso de ver que su guía marcaba una diferencia en sus vidas.

"Ambos han abrazado el arte de hacer presupuestos con dedicación y determinación", dijo. "¡Y mira los resultados! Has logrado alcanzar tus metas y sueños financieros, todo gracias al poder del presupuesto".

Steve y Dan agradecieron de todo corazón al Sr. Robert Blake y reconocieron cómo su sabiduría había transformado sus vidas. Se dieron cuenta de que hacer un presupuesto no consistía sólo en restringir el gasto; era una herramienta para el empoderamiento y la libertad financiera.

A partir de ese día, Steve y Dan continuaron presupuestando diligentemente, estableciendo nuevas metas financieras y esforzándose por alcanzarlas. Su amistad se hizo aún más fuerte, unidos por el entendimiento de que el presupuesto era la piedra angular de su éxito financiero.

Y así continuaron juntos su viaje, con sus presupuestos guiándolos hacia un futuro lleno de prosperidad, seguridad y la realización de sus mayores sueños. La historia de Steve y Dan se convirtió en una inspiración para otros en Prosperville, enseñando a todos la importancia de hacer un presupuesto para lograr metas financieras y hacer realidad los sueños.

Importancia del presupuesto

Hacer un presupuesto es esencial por varias razones:

a. Claridad financiera: un presupuesto proporciona una visión clara y completa de su situación financiera. Puede ver cuánto dinero ingresa, de dónde viene y hacia dónde se dirige. Esta conciencia es crucial para tomar decisiones financieras informadas.

b. Establecimiento de objetivos: un presupuesto le ayuda a establecer objetivos financieros específicos, como ahorrar para el pago inicial de una casa, pagar deudas, crear un fondo de emergencia o planificar la jubilación. Le permite asignar recursos para lograr estos objetivos.

C. Control de gastos: Hacer un presupuesto ayuda a controlar sus gastos y le impide vivir más allá de sus posibilidades. Garantiza que gaste dentro de sus ingresos y priorice los gastos necesarios sobre los discrecionales.

d. Gestión de la deuda: la elaboración de presupuestos le permite asignar fondos para pagar deudas de forma sistemática. Al hacer de la reducción de la deuda una prioridad, puede trabajar para estar libre de deudas.

mi. Ahorros e inversiones: un presupuesto bien estructurado asigna dinero para ahorros e inversiones, lo que garantiza que usted genere riqueza con el tiempo y asegure su futuro financiero.

F. Flexibilidad financiera: Tener un presupuesto y un fondo de emergencia brinda flexibilidad financiera, lo que le permite manejar gastos inesperados sin descarrilar sus planes financieros.

Tipos de presupuestos

Existen varios métodos de elaboración de presupuestos para elegir según sus necesidades y preferencias financieras:

- Presupuesto tradicional: este es un presupuesto estándar que asigna montos fijos para cada categoría de gastos. Requiere seguimiento regular y ajustes manuales.
- Presupuesto de base cero: con este método, usted asigna cada dólar de sus ingresos a gastos, ahorros o pagos de deuda específicos, sin dejar dinero sin asignar.
- Presupuesto 50/30/20: este enfoque asigna el 50% de sus ingresos a las necesidades, el 30% a los deseos y el 20% a los ahorros y pagos de deudas.
- Presupuesto de sobres: implica el uso de sobres físicos para asignar efectivo a diferentes categorías de gastos. Una vez que un sobre está vacío, deja de gastar en esa categoría.

Crear un presupuesto

Para crear un presupuesto, siga estos pasos:

- Recopile información financiera: recopile todos sus datos financieros, incluidas fuentes de ingresos, gastos, deudas y ahorros.
- Clasifique los gastos: divida sus gastos en categorías, como vivienda, transporte, comida, entretenimiento, servicios públicos y pagos de deudas.
- Establezca metas financieras: defina sus metas financieras a corto y largo plazo, como ahorrar para unas vacaciones, pagar deudas de tarjetas de crédito o invertir para la jubilación.

- Asigne ingresos: asigne sus ingresos a diferentes categorías de gastos y objetivos de ahorro. Asegúrese de priorizar los gastos esenciales y los objetivos financieros.
- Supervise el progreso: realice un seguimiento y revise periódicamente su presupuesto para evaluar el progreso hacia sus objetivos financieros. Ajuste el presupuesto según sea necesario para adaptarse a los cambios en los ingresos o gastos.

Exploremos el presupuesto personalizado para John, un profesional de 30 años que vive en la ciudad. El ingreso neto mensual de John es de $3,500.

Ingreso mensual: $3,500		
Gastos	Utilidades	Cantidad
Alojamiento	Alquilar	$1,200
	Servicios públicos (electricidad, agua, gas, internet)	$150
Transporte	Pago del coche	$300
	Gasolina	$100
	Transporte público	$50
Alimentos y abarrotes	salir a cenar	$200
	Comestibles	$300
Seguro	Seguro de salud	$150
	Seguro de auto	$100
	El seguro para inquilinos	$20
Pagos de deuda	Préstamo estudiantil	$200
	Tarjeta de crédito	$100
Entretenimiento	Películas/Conciertos/Eventos deportivos	$50
	Servicios de streaming (Netflix, Spotify, etc.):	$30
Ahorros e Inversiones	Fondo de emergencia	$200
	Ahorros para la jubilación	$300
Misceláneas	Ropa	$100
	Cuidado personal (arreglo, corte de pelo, etc.)	$50
	Regalos/Donaciones	$50
	Gastos totals	$3,400
	Balance restante	$100

Notas:

1. El presupuesto asigna cada dólar de los ingresos de John, dejando una pequeña cantidad ($100) como reserva no asignada. Este colchón se puede utilizar para gastos inesperados o ahorros adicionales.

2. John dedica una parte de sus ingresos a ahorros e inversiones, incluido un fondo de emergencia y ahorros para la jubilación. Esto garantiza que está construyendo una red de seguridad financiera y preparándose para el futuro.

3. John está reservando dinero para entretenimiento y cuidado personal, reconociendo la importancia de mantener el equilibrio entre el trabajo y la vida personal y cuidar de sí mismo.

4. El presupuesto incluye pagos de deuda para abordar la deuda de préstamos estudiantiles y tarjetas de crédito, lo que ayuda a John a trabajar para estar libre de deudas.

5. El presupuesto permite algo de espacio para salir a cenar y entretenerse, manteniendo al mismo tiempo un equilibrio entre disfrutar de la vida y ser financieramente responsable.

6. John también es consciente de los gastos relacionados con el transporte, los seguros y los costos de vida esenciales, como vivienda y alimentos.

Tenga en cuenta que este ejemplo de presupuesto está personalizado según la situación financiera y las prioridades específicas de John. En la elaboración de presupuestos en la vida real, es esencial adaptar el presupuesto según las circunstancias, los ingresos, los gastos y los objetivos financieros individuales. Revisar y ajustar periódicamente el presupuesto en función de las circunstancias cambiantes es clave para una planificación financiera exitosa y el logro de objetivos financieros.

Cumplir con su presupuesto

Mantenerse comprometido con su presupuesto requiere disciplina y dedicación:

- Realice un seguimiento de sus gastos: realice un seguimiento y categorice periódicamente sus gastos para asegurarse de que se ajusten a su presupuesto.
- Revisar y ajustar: revise periódicamente su presupuesto para evaluar el progreso y realizar ajustes si es necesario.
- Sea realista: sea realista al establecer límites presupuestarios para diferentes categorías de gastos. Evite establecer presupuestos demasiado restrictivos y difíciles de mantener.
- Evite el gasto impulsivo: practique gastos conscientes y evite compras impulsivas que no estén en línea con sus objetivos financieros.
- Recompénsese: Celebre sus éxitos e hitos financieros, como lograr una meta de ahorro o pagar una deuda.

Beneficios de hacer un presupuesto

a. Control financiero

b. Mejor toma de decisiones

C. Reducción de Deuda

d. Estabilidad financiera

mi. Logro de metas

En conclusión, el arte de presupuestar es una herramienta poderosa para lograr el éxito y la estabilidad financieros. Le permite tomar decisiones informadas, controlar gastos, gestionar deudas, ahorrar para el futuro y trabajar para alcanzar sus aspiraciones financieras. Al crear y cumplir con un presupuesto bien estructurado, puede construir una base financiera sólida y vivir una vida financieramente responsable y plena.

Tecnología y Automatización

El capítulo también presenta la tecnología y la automatización como herramientas valiosas en la elaboración de presupuestos. Explora los beneficios de utilizar aplicaciones de elaboración de presupuestos, software de seguimiento de gastos o herramientas de banca en línea para agilizar el proceso de elaboración de presupuestos y obtener información en tiempo real sobre los hábitos de gasto. Estas ayudas tecnológicas pueden ayudarle a ser responsable, identificar áreas de mejora y tomar decisiones financieras informadas.

Agilizar la gestión financiera de una persona puede resultar muy beneficioso para lograr un mejor control financiero, reducir el estrés y optimizar las decisiones financieras. La tecnología y la automatización pueden desempeñar un papel crucial en este proceso. A continuación se detallan algunos pasos para utilizar la tecnología y la automatización de manera efectiva para optimizar la gestión financiera:

Presupuesto y seguimiento de gastos:

- Utilice aplicaciones o software de presupuesto como Mint, YNAB (You Need A Budget) o PocketGuard para realizar un seguimiento de los ingresos y gastos automáticamente.

- Clasifique los gastos para tener una idea clara de hacia dónde se destina el dinero e identificar áreas de mejora.

Pagos de facturas automatizados:

- Configure pagos automáticos de facturas a través de su banco o servicios de pago de facturas en línea para garantizar que las facturas se paguen a tiempo y evitar cargos por pagos atrasados.

Recibos y registros digitales:

- Utilice aplicaciones o servicios que digitalicen y organicen recibos, reduciendo el desorden y facilitando el seguimiento de los gastos de impuestos o reembolsos.

Ahorros e inversiones automatizados:

- Inscríbase en planes de ahorro automático para que una parte de sus ingresos se deposite directamente en una cuenta de ahorro o inversión.

- Explore los robo-advisors para la gestión automatizada de inversiones en función de su tolerancia al riesgo y sus objetivos financieros.

Gestión de tarjetas de crédito:

- Utilice aplicaciones o funciones que ofrecen las compañías de tarjetas de crédito para realizar un seguimiento de los gastos, establecer límites de gastos y recibir alertas en tiempo real sobre las transacciones.

Aplicaciones de finanzas personales:

- Considere utilizar aplicaciones de finanzas personales como Personal Capital o Acorns para obtener una visión integral de sus finanzas, incluidas inversiones, deudas y patrimonio neto.

Análisis y Optimización de Gastos:

- Algunas aplicaciones pueden analizar sus patrones de gastos y sugerir áreas donde puede reducir costos o ahorrar dinero.

Gestión de la deuda:

- Utilice aplicaciones o herramientas de gestión de deudas para desarrollar un plan para pagar deudas de manera eficiente, incluido el cálculo de intereses y la sugerencia de estrategias de pago.

Carteras digitales:

- Utilice billeteras digitales como Apple Pay o Google Pay para realizar pagos sin contacto seguros y convenientes, reduciendo la necesidad de llevar tarjetas físicas.

Aportes de Retiro Automático:

- Configure contribuciones automáticas a cuentas de jubilación como IRA o 401(k) para garantizar ahorros constantes para el futuro.

Alertas y Notificaciones:

- Habilite las notificaciones automáticas o por correo electrónico de sus instituciones financieras para mantenerse actualizado sobre cualquier actividad de la cuenta, transacciones sospechosas o actualizaciones importantes.

Ciberseguridad y Protección de Datos:

- Proteja su información financiera mediante el uso de contraseñas seguras, autenticación de dos factores y software de seguridad confiable para protegerse contra el robo de identidad y el fraude.

Recuerde, si bien la tecnología y la automatización pueden ser increíblemente útiles, sigue siendo esencial revisar periódicamente su situación financiera y realizar los ajustes necesarios. Las finanzas personales son dinámicas y sus objetivos y circunstancias pueden cambiar con el tiempo, por lo que mantenerse proactivo e informado es clave para una gestión financiera exitosa.

Atención financiera

La atención plena financiera es la práctica de estar plenamente consciente y presente en sus decisiones y acciones financieras. Implica cultivar un enfoque consciente e intencional para administrar su dinero, tomar decisiones financieras y comprender el impacto de sus comportamientos financieros en su bienestar general y sus objetivos de vida. A continuación se presentan algunos aspectos clave de la atención plena financiera:

Conciencia: Ser consciente de su situación financiera significa comprender sus ingresos, gastos, deudas, activos y objetivos financieros. Implica realizar un seguimiento de sus gastos, revisar periódicamente sus cuentas y mantenerse informado sobre su salud financiera.

Observación sin prejuicios: practique observar sus pensamientos, emociones y comportamientos financieros sin juzgar. Sea compasivo consigo mismo y evite la autocrítica al cometer errores financieros. En lugar de ello, concéntrese en aprender de estas experiencias para mejorar sus decisiones financieras en el futuro.

Comprender el papel del dinero: reconozca que el dinero es una herramienta para alcanzar sus metas y valores. Evite vincular su autoestima a su situación financiera y concéntrese en alinear sus elecciones financieras con las prioridades de su vida.

Gasto consciente: antes de realizar compras, haga una pausa y considere si el artículo o la experiencia se alinea con sus valores y objetivos a largo plazo. Evite las compras impulsivas y sea intencional en cuanto a dónde va su dinero.

Gratitud y satisfacción: practica la gratitud por lo que tienes y evita caer en la trampa del consumismo constante. Cultivar la satisfacción puede ayudar a reducir el gasto innecesario en posesiones materiales que tal vez no traigan una felicidad duradera.

Retrasar la gratificación: la atención financiera a menudo implica la capacidad de retrasar la gratificación y priorizar las metas financieras a largo plazo sobre los deseos a corto plazo. Esto podría significar ahorrar para la jubilación, un fondo de emergencia u otros hitos importantes antes de realizar compras no esenciales.

Conciencia emocional: sea consciente de cómo sus emociones influyen en sus decisiones financieras. El estrés, el miedo o la emoción pueden llevar a tomar decisiones impulsivas que pueden no alinearse con su estrategia financiera general.

Establecer límites: establezca límites financieros saludables consigo mismo y con los demás. Aprenda a decir "no" a las solicitudes financieras que puedan comprometer su bienestar financiero.

Presupuesto consciente: cree un presupuesto que refleje sus valores y le permita asignar dinero a sus prioridades. Revise y ajuste continuamente su presupuesto según sea necesario.

Evitar comparaciones: absténgase de comparar su situación financiera con la de otros. El viaje de cada persona es diferente y compararse con los demás puede generar estrés financiero innecesario.

Búsqueda de conocimientos: manténgase informado sobre conceptos de finanzas personales, opciones de inversión y estrategias de planificación financiera. El conocimiento le permite tomar decisiones más informadas.

Controles periódicos: programe horarios regulares para revisar su progreso financiero, evaluar sus objetivos y realizar ajustes a su plan financiero.

Al practicar la atención plena financiera, puede desarrollar una relación más saludable con el dinero, reducir el estrés financiero y tomar decisiones que respalden su bienestar financiero y satisfacción con la vida a largo plazo. Además, el capítulo aborda los desafíos y tentaciones que pueden surgir al ajustarse a un presupuesto. Reconoce que la elaboración de presupuestos requiere disciplina y autocontrol, pero también ofrece estrategias para superar obstáculos comunes. Ya sea por el atractivo de las compras impulsivas, la presión social o los gastos inesperados, se le brindan consejos y tácticas prácticas para mantenerse encaminado y mantener el impulso presupuestario.

LOS COSTOS OCULTOS: DESCUBRIENDO LA PSICOLOGÍA DEL CONSUMISMO

- Tácticas psicológicas empleadas por los especialistas en marketing para influir en los hábitos de gasto.
- El impacto de la comparación social y la búsqueda de estatus en el bienestar financiero.
- Estrategias para el consumo consciente y resistir el impulso de seguir el ritmo de los demás.

El consumismo es un fenómeno socioeconómico que se ha convertido en una parte integral de la sociedad moderna. Se refiere al patrón cultural y de comportamiento en el que los individuos y los hogares priorizan la adquisición y el consumo de bienes y servicios como medio para lograr satisfacción personal, estatus social y realización. El consumismo juega un papel importante en la configuración de las economías, influyendo en las prácticas comerciales e impactando el medio ambiente y la vida de las personas.

Antecedentes históricos:

El consumismo tiene profundas raíces históricas, pero su expansión significativa comenzó durante la Revolución Industrial en los siglos XVIII y XIX. Los avances tecnológicos y la producción en masa transformaron la disponibilidad y asequibilidad de los bienes, lo que dio lugar a una floreciente clase media con mayor poder adquisitivo. También surgieron estrategias de publicidad y marketing, promocionando productos y fomentando el deseo de propiedad.

El auge del materialismo:

El consumismo está estrechamente vinculado al materialismo, una creencia filosófica que otorga un gran valor a las posesiones y el consumo materiales. A medida que las sociedades progresaron y mejoró el confort material, la gente empezó a asociar su bienestar y felicidad con la acumulación de bienes materiales. Esta búsqueda de riquezas y posesiones materiales a menudo conducía a un deseo perpetuo de más, alimentando el ciclo interminable del consumismo.

Cultura e identidad del consumidor:

El consumismo ha desempeñado un papel fundamental en la configuración de las normas culturales y las identidades individuales. En muchas sociedades, el estatus social, el éxito y la autoestima de una persona suelen estar vinculados a los productos que posee y a las marcas con las que se asocia. Las marcas y los bienes de consumo se han convertido en poderosos símbolos de identidad social y la gente suele utilizarlos para expresar sus valores, aspiraciones y afiliaciones.

El impacto en las economías:

El consumismo es una fuerza impulsora detrás del crecimiento económico y el desarrollo en las economías capitalistas. El gasto del consumidor representa una parte importante del Producto Interno Bruto (PIB) en muchos países. Los gobiernos y las empresas fomentan activamente el consumo para estimular la actividad económica y la creación de empleo. Sin embargo, esta fuerte dependencia del consumo ha generado preocupaciones sobre su sostenibilidad, especialmente frente a recursos finitos y desafíos ambientales.

Preocupaciones ambientales y sociales:

Una de las principales críticas al consumismo es su impacto adverso sobre el medio ambiente. La producción en masa y la eliminación de bienes conducen al agotamiento de los recursos, la contaminación y la generación de desechos. El cambio climático, la deforestación y la contaminación son algunas de las nefastas consecuencias del consumismo desenfrenado.

Además, el impulso al consumo constante fomenta una cultura del descarte, en la que los productos están diseñados para ser de corta duración y desechados, lo que contribuye a la crisis mundial de residuos.

Deuda del consumidor y estrés financiero:

La búsqueda de bienes de consumo a menudo conduce a un aumento del endeudamiento y de la deuda de los consumidores. Muchas personas dependen de tarjetas de crédito, préstamos y planes de pago a plazos para comprar productos que van más allá de sus posibilidades financieras inmediatas. Esta dependencia excesiva de la deuda puede provocar estrés e inseguridad financieros, ya que las personas luchan por cumplir con sus obligaciones mensuales y se encuentran atrapadas en un ciclo de deuda.

Críticas y alternativas:

A lo largo de los años han surgido varias críticas al consumismo. Algunos argumentan que la búsqueda incesante de posesiones materiales y estatus socava la verdadera felicidad y la realización humana, ya que tiende a priorizar la validación externa sobre la satisfacción interna. Otros señalan que el consumismo fomenta una cultura de consumo excesivo, perpetuando una mentalidad de "más es mejor" que puede tener consecuencias perjudiciales para los individuos y la sociedad.

En respuesta a los efectos negativos del consumismo, han surgido varios movimientos alternativos. Éstas incluyen:

1. Minimalismo: Los defensores del minimalismo promueven una reducción deliberada en la adquisición y propiedad de posesiones materiales. La atención se centra en encontrar satisfacción en la simplicidad, reducir el desperdicio y priorizar las experiencias sobre los bienes materiales.

2. Consumo sostenible: este enfoque anima a los consumidores a ser más conscientes del impacto medioambiental de sus elecciones. Implica apoyar productos y empresas que prioricen prácticas sostenibles y métodos de producción éticos.

3. Consumo colaborativo: también conocido como economía colaborativa, este concepto enfatiza el compartir y el intercambio

de bienes y servicios, reduciendo la necesidad de propiedad individual y promoviendo la eficiencia de los recursos.

4. Consumismo Ético: Los consumidores éticos toman decisiones de compra basadas en sus valores y principios, apoyando a empresas que demuestran responsabilidad social y ambiental.

El consumismo ha moldeado profundamente las sociedades, las economías y los comportamientos individuales modernos. Si bien ha contribuido al crecimiento económico y a los avances tecnológicos, también ha planteado serias preocupaciones ambientales y sociales. Lograr un equilibrio entre el consumo responsable y las prácticas sostenibles es crucial para crear un futuro más equitativo y consciente del medio ambiente. En última instancia, el desafío radica en redefinir la noción de realización lejos del materialismo excesivo y hacia medidas más holísticas de bienestar y satisfacción.

El consumismo a menudo conlleva costos ocultos que van más allá del precio de los productos o servicios que se compran. Estos costos ocultos pueden tener impactos significativos en los individuos, la sociedad y el medio ambiente. Éstos son algunos de los costos ocultos más notables del consumismo:

Impacto ambiental: el consumismo impulsa la producción de bienes a escala masiva, lo que lleva a un mayor uso de recursos naturales, consumo de energía y generación de desechos. Contribuye a la deforestación, la contaminación, las emisiones de gases de efecto invernadero y el cambio climático.

Generación de residuos: el deseo constante de productos nuevos y mejores conduce a un aumento significativo en la generación de residuos. Muchos productos tienen una vida útil corta y terminan en vertederos, lo que contribuye al problema mundial de los residuos.

Agotamiento de los recursos: la demanda de bienes de consumo ejerce presión sobre recursos finitos como el agua, los minerales y los combustibles fósiles. El consumo excesivo puede agotar estos recursos y hacerlos escasos para las generaciones futuras.

Impactos en la salud: el consumismo promueve el consumo de productos que no siempre pueden ser beneficiosos para la salud. La prevalencia de comida rápida, bebidas azucaradas y otros productos no saludables puede contribuir a la obesidad, la diabetes y otros problemas de salud.

Deuda y estrés financiero: la necesidad constante de mantenerse al día con las tendencias de los consumidores puede generar endeudamiento y endeudamiento excesivos. Las personas pueden tener dificultades para pagar las facturas de sus tarjetas de crédito y sus préstamos, lo que provoca estrés financiero y limita su capacidad de ahorrar para el futuro.

Pérdida de conexión y comunidad: el consumismo puede llevar a centrarse en las posesiones materiales en lugar de en relaciones significativas. Las personas pueden pasar menos tiempo con familiares y amigos, lo que lleva a una disminución de los vínculos comunitarios.

Desigualdad social: el consumismo puede perpetuar la desigualdad social al crear una sensación de estatus y exclusividad basada en la posesión de ciertos productos. Esto puede llevar a una división entre los "ricos" y los "pobres" y fomentar una cultura de envidia y competencia.

Explotación laboral: la demanda de productos baratos puede llevar a las empresas a subcontratar la fabricación a países con estándares laborales más bajos. Esto puede conducir a la explotación de los trabajadores y a malas condiciones laborales.

Publicidad y manipulación: las técnicas agresivas de marketing y publicidad pueden manipular el comportamiento del consumidor, lo que lleva a compras impulsivas y decisiones basadas en atractivos emocionales en lugar de elecciones racionales.

Pérdida de tiempo y bienestar: perseguir constantemente posesiones materiales puede provocar una pérdida de tiempo dedicado a actividades significativas como pasatiempos, superación personal y relajación. Esto puede afectar el bienestar general y la felicidad.

Homogeneización cultural: el consumismo global puede conducir a la homogeneización de culturas, a medida que personas de todo el mundo adoptan patrones de consumo, preferencias y estilos de vida similares, erosionando potencialmente las tradiciones y costumbres locales.

Abordar los costos ocultos del consumismo requiere un cambio en los valores sociales y el comportamiento individual. Adoptar prácticas de consumo sostenibles y conscientes, apoyar a las empresas con prácticas éticas y abogar por políticas ambientales y sociales responsables pueden ayudar a mitigar los impactos negativos del consumismo en nuestro mundo.

Tácticas psicológicas empleadas por los especialistas en marketing para influir en nuestras decisiones de compra

Los especialistas en marketing emplean una amplia gama de tácticas psicológicas para influir en nuestras decisiones de compra. Estas tácticas están cuidadosamente diseñadas para aprovechar las emociones, los deseos y los sesgos cognitivos humanos, a menudo sin que los consumidores se den cuenta. Comprender estas tácticas puede permitir a las personas tomar decisiones más informadas y ser menos susceptibles a estrategias de marketing manipuladoras. A continuación se muestran algunas tácticas psicológicas comunes utilizadas por los especialistas en marketing:

1. Apelaciones emocionales: los especialistas en marketing suelen utilizar la publicidad emocional para crear una conexión entre sus productos y los sentimientos de los consumidores. Estos atractivos emocionales pueden desencadenar emociones positivas como felicidad, nostalgia o entusiasmo, vinculando esas emociones con la marca o el producto en la mente de los consumidores.

2. Escasez y urgencia: la percepción de disponibilidad limitada o sensibilidad temporal puede empujar a los consumidores a actuar rápidamente. Frases como "oferta por tiempo limitado" o "hasta agotar existencias" crean miedo a perderse algo (FOMO) y fomentan la compra impulsiva.

3. Prueba social: las personas están influenciadas por el comportamiento de los demás. Los especialistas en marketing utilizan testimonios, reseñas y personas influyentes en las redes sociales para mostrar cuántas otras personas ya compraron y

disfrutaron de sus productos, creando una sensación de confianza y validación.

4. Anclaje y fijación de precios: los especialistas en marketing suelen presentar primero un producto de precio más alto (anclaje) para que los productos posteriores, de precio ligeramente más bajo, parezcan más razonables. Esta táctica puede influir en los consumidores para que elijan la opción de precio medio, percibiéndola como una buena oferta.

5. Reciprocidad: esta táctica aprovecha la inclinación humana a devolver favores. Por ejemplo, ofrecer muestras, pruebas o obsequios gratuitos puede crear una sensación de obligación de corresponder al realizar una compra.

6. Aversión a las pérdidas: las personas tienden a estar más motivadas para evitar pérdidas que para adquirir ganancias. Los especialistas en marketing utilizan esto al formular las ofertas en términos de pérdidas potenciales si el consumidor no actúa, animándolos a tomar medidas para evitar perderse algo.

7. Preparación: los especialistas en marketing utilizan señales o imágenes sutiles para preparar la mente de los consumidores antes de presentar un producto u oferta. Por ejemplo, el uso de imágenes de bebidas refrescantes en un día caluroso induce al consumidor a considerar la compra de una bebida.

8. Encuadre: la forma en que se presenta la información puede influir en la toma de decisiones. Los especialistas en marketing pueden presentar los productos como una "opción saludable" en lugar de declarar explícitamente los beneficios para la salud, apelando al deseo de los consumidores de tener una autopercepción positiva.

9. Sesgos cognitivos: se explotan varios sesgos cognitivos, como el sesgo de confirmación (favorecer la información que respalda las creencias existentes) y el efecto del carro (seguir a la multitud), para reforzar las predisposiciones y preferencias de los consumidores.

10. Marca e identidad: los especialistas en marketing construyen identidades de marca sólidas que se alinean con los valores, estilos de vida y aspiraciones de los consumidores. Esto crea un sentido de pertenencia y fomenta la lealtad a la marca.

11. Gamificación: la incorporación de elementos de gamificación, como recompensas, puntos y competiciones, puede hacer que la experiencia de compra sea más agradable y atractiva, lo que lleva a una mayor lealtad a la marca.

12. Personalización: los especialistas en marketing utilizan técnicas basadas en datos para adaptar anuncios y ofertas en función de las preferencias individuales y el comportamiento pasado, lo que aumenta la probabilidad de una compra.

El conocimiento de estas tácticas psicológicas puede ayudar a los consumidores a tomar decisiones más racionales y evitar caer en compras impulsivas o tomar decisiones que no se alineen con sus verdaderas necesidades y valores. Al evaluar críticamente los mensajes de marketing y comprender cómo apelan a las emociones y los prejuicios, los consumidores pueden convertirse en compradores más empoderados y conscientes.

Imagínese caminar por un centro comercial en una tarde luminosa y soleada de fin de semana. Al pasar por varias tiendas, notas una tienda de electrónica moderna y de alta gama que te llama la atención. Intrigado, decides entrar, sólo para navegar y ver las novedades. Al ingresar a la tienda, lo recibe un ambiente elegante y sofisticado, con pantallas grandes que muestran imágenes impresionantes y música alegre que suena suavemente de fondo.

Mientras paseas por la tienda, ves una sección dedicada a los últimos smartphones. Un amable vendedor se acerca a usted, armado con un amplio conocimiento sobre los últimos modelos. Comienzan a mostrar las funciones y avances de vanguardia del teléfono inteligente más nuevo en exhibición. Destacan que este dispositivo es más rápido, tiene una mejor cámara y ofrece más almacenamiento que su teléfono actual.

El vendedor aprovecha inteligentemente sus emociones y aspiraciones y destaca cómo tener este teléfono lo hará sentir más seguro, exitoso y actualizado con la última tecnología. Mencionan que es un símbolo de estatus entre tus compañeros y que capturarás recuerdos impresionantes con la cámara mejorada.

Para aumentar el atractivo, mencionan que hay una promoción por tiempo limitado en la que puede obtener un descuento significativo, una plataforma de carga inalámbrica gratuita y una funda de teléfono premium. El acuerdo se presenta como una "oportunidad que no se puede perder" y estará disponible sólo durante unos días.

Mientras escuchas el argumento de venta y ves las atractivas imágenes en la pantalla, comienzas a imaginar cómo este nuevo teléfono inteligente mejoraría tu vida diaria. Piensa en los elogios que podría recibir de amigos y colegas y en cómo se sentiría parte de un grupo exclusivo de expertos en tecnología.

Atrapado en la emoción y el sentido de urgencia creado por la oferta por tiempo limitado, comienzas a racionalizar la compra. Empiezas a pensar que, aunque tu teléfono actual sigue funcionando, tener este nuevo modelo mejorará significativamente tu experiencia general. Después de todo, no es sólo un teléfono; es una oportunidad para expresar su identidad y mejorar su estatus entre sus pares.

Sin pensarlo mucho más, decides realizar la compra, cediendo a las emociones y aspiraciones con las que los especialistas en marketing aprovecharon de manera experta. Sales de la tienda con el nuevo smartphone, una mezcla de emoción y remordimiento del comprador, preguntándote si realmente necesitabas hacer esa compra impulsiva e innecesaria.

En este escenario, los especialistas en marketing utilizaron hábilmente los atractivos emocionales, el estatus social, las ofertas por tiempo limitado y el deseo de superación personal para crear una necesidad percibida del producto. Al aprovechar sus emociones y aspiraciones, influyeron en su decisión de compra y lo llevaron a realizar una compra impulsiva e innecesaria, a pesar de que su teléfono actual todavía funcionaba y satisfacía sus necesidades básicas. Esta experiencia en tiempo real resalta cuán poderosas y persuasivas pueden ser las técnicas de marketing para influir en el comportamiento del consumidor.

Necesidades genuinas y deseos artificiales

Las necesidades genuinas y los deseos artificiales son dos aspectos distintos del comportamiento de consumo humano que impulsan nuestras decisiones de compra. Comprender la diferencia entre estos dos puede ayudar a las personas a tomar decisiones más conscientes e informadas sobre sus patrones de consumo. Exploremos cada concepto con más detalle:

1. Necesidades genuinas:

Las necesidades genuinas son requisitos esenciales para sostener la vida y el bienestar. Son las necesidades básicas que los humanos deben tener para sobrevivir, prosperar y funcionar en sociedad. Estas necesidades son universales y fundamentales y abarcan:

a. Necesidades fisiológicas: incluyen los requisitos más básicos para la supervivencia, como comida, agua, refugio, ropa y atención médica. Sin satisfacer estas necesidades, los individuos tendrían dificultades para sobrevivir.

b. Necesidades de seguridad y protección: esta categoría incluye la necesidad de seguridad personal, estabilidad, protección contra daños y acceso a un entorno seguro.

C. Necesidades sociales: los seres humanos son criaturas sociales y las necesidades sociales abarcan el deseo de amor, pertenencia y conexiones significativas con los demás.

d. Necesidades de estima: estas necesidades implican sentimientos de autoestima, reconocimiento y respeto de los demás, así como respeto por uno mismo y confianza.

Las necesidades genuinas son esenciales para el bienestar de una persona y no están influenciadas por factores externos o presiones sociales. Satisfacer estas necesidades es crucial para la salud física y psicológica de una persona.

2. Deseos artificiales:

Los deseos artificiales, por otro lado, son deseos o antojos que a menudo están influenciados por factores externos, incluidos el marketing, la publicidad, las normas sociales y la presión de los pares. Estos deseos no son esenciales para la supervivencia o el bienestar, sino que se crean o intensifican mediante técnicas de manipulación y la promoción del consumismo. Algunos ejemplos comunes de deseos artificiales incluyen:

a. Bienes de lujo y estatus: productos o servicios que están asociados con un alto estatus social o exclusividad, lo que lleva a los consumidores a desearlos para mostrar su riqueza o éxito.

b. Novedad y tendencias: el deseo de disfrutar de los productos o experiencias más recientes y de moda, a menudo impulsado por el miedo a perderse algo o la necesidad de ser visto como "moderno" y actualizado.

C. Branding y marketing de aspiraciones: los consumidores pueden desarrollar deseos por determinadas marcas o productos debido a campañas de marketing de aspiraciones que conectan la marca con un estilo de vida o identidad deseable.

d. Compras impulsivas: estos deseos surgen de impulsos momentáneos o desencadenantes emocionales, lo que lleva a compras no planificadas y, a menudo, innecesarias.

mi. Necesidades percibidas de personas influyentes y redes sociales: la influencia de celebridades, personas influyentes y redes sociales puede crear deseos artificiales de productos o servicios respaldados por estas personas.

Los deseos artificiales suelen estar impulsados por tácticas psicológicas, condicionamientos sociales y la exposición constante a mensajes de marketing. Pueden conducir a un consumo impulsivo e innecesario, lo que genera tensiones financieras y un impacto ambiental debido al aumento de los residuos y el agotamiento de los recursos.

Reconocer la distinción entre necesidades genuinas y deseos artificiales es esencial para tomar decisiones de consumo responsables y sostenibles. Ser consciente de los factores que impulsan nuestros deseos y evaluar críticamente el verdadero valor de los productos y servicios puede ayudarnos a centrarnos en satisfacer nuestras necesidades genuinas y, al mismo tiempo, minimizar las compras impulsivas e innecesarias. También puede conducir a una vida más significativa y plena al priorizar las experiencias, las relaciones y el crecimiento personal sobre las posesiones materiales.

Impacto de la comparación social y la presión por mantener las

apariencias

Hace unos años, tenía un amigo llamado Alex que siempre intentaba mantenerse al día con los Jones. Alex era una persona trabajadora, pero constantemente sentía la necesidad de igualar el estilo de vida de sus compañeros y transmitir una imagen de éxito y prosperidad, incluso cuando su situación financiera no lo permitía.

En ese momento, Alex tenía un trabajo estable y unos ingresos modestos, pero muchos de sus amigos parecían vivir vidas más lujosas. Con frecuencia se iban de vacaciones caras, conducían coches lujosos y vestían ropa de diseñador. Cada vez que Alex veía sus publicaciones en las redes sociales, no podía evitar sentir una sensación de envidia e insuficiencia.

Impulsado por esta comparación social, Alex comenzó a tomar malas decisiones financieras. Comenzó a utilizar excesivamente las tarjetas de crédito para financiar compras que no podía permitirse, a pedir préstamos personales para mantener las apariencias y a descuidar sus ahorros y fondos de jubilación para mantenerse al día con el estilo de vida de sus amigos. Este estilo de vida de vivir más allá de sus posibilidades rápidamente lo alcanzó, lo que lo llevó a acumular deudas y estrés constante.

La presión para mantener las apariencias no solo afectó la estabilidad financiera de Alex sino que también afectó su salud mental. Se sintió atrapado en un ciclo de intentar impresionar a los demás mientras se hundía aún más en deudas. No podía hablar con sus amigos sobre sus luchas porque temía ser juzgado o menospreciado. Este aislamiento sólo empeoró su ansiedad y estrés.

Con el tiempo, Alex se dio cuenta de que necesitaba liberarse del patrón tóxico de la comparación social y la presión de mantener una fachada de riqueza. Con la ayuda de un asesor financiero y buscando apoyo emocional de algunos amigos cercanos, comenzó a concentrarse en mejorar su bienestar financiero.

Primero, Alex comenzó a hacer un presupuesto y a recortar gastos innecesarios. Aprendió a priorizar sus necesidades y objetivos financieros sobre deseos fugaces. También comenzó a reservar una parte de sus ingresos para un fondo de emergencia y ahorros para la jubilación.

En segundo lugar, Alex comenzó a sincerarse con sus amigos sobre sus problemas financieros. Para su sorpresa, descubrió que algunos de sus amigos habían enfrentado desafíos similares en el pasado y le brindaron más apoyo de lo que había anticipado. Ya no lo juzgaban por sus posesiones materiales sino por su carácter y la calidad de su amistad.

A medida que Alex trabajó en su bienestar financiero y dejó de compararse con los demás, gradualmente encontró paz y felicidad al vivir dentro de sus posibilidades. Se centró en experiencias y conexiones que realmente le importaban, en lugar de posesiones materiales que sólo servían para impresionar a los demás.

Esta experiencia le enseñó a Alex una valiosa lección sobre los peligros de la comparación social y la importancia de mantenerse fiel a sus capacidades financieras. Al final, se volvió más estable financieramente, más contento y genuinamente feliz con sus elecciones de vida.

Estrategias para el consumo consciente y la resistencia al impulso de seguir el ritmo de los demás .

Defina sus valores y priorice: Tómese un tiempo para reflexionar sobre sus valores y lo que realmente le importa en la vida. Comprenda sus objetivos financieros a largo plazo y priorícelos sobre los impulsos a corto plazo.

Cree un presupuesto: desarrolle un presupuesto realista que se alinee con sus valores y objetivos. Esto le ayudará a realizar un seguimiento de sus gastos, controlar los gastos innecesarios y ser consciente de sus límites financieros.

Evite las compras impulsivas: cuando tenga la tentación de comprar algo por capricho, dé un paso atrás y pregúntese si se alinea con sus valores y si realmente lo necesita. Tómese un período de reflexión antes de realizar compras no esenciales.

Practica la gratitud: cultiva una mentalidad de gratitud por lo que ya tienes. Concéntrate en las cosas que te brindan alegría y satisfacción en lugar de lo que otros poseen.

Limite la exposición a las redes sociales: las redes sociales pueden provocar sentimientos de comparación e insuficiencia. Limite su tiempo en las plataformas de redes sociales y recuerde que las personas suelen presentar una versión curada de sus vidas, no la realidad completa.

Rodéate de personas con ideas afines: asóciate con personas que comparten valores y objetivos financieros similares. La influencia positiva de los pares puede ayudar a reforzar los hábitos de consumo consciente.

Evite el gasto competitivo: si se encuentra en un círculo de amigos o conocidos que constantemente participan en gastos competitivos, sea consciente de sus elecciones y resista la presión de participar.

Practique la gratificación retrasada: antes de realizar una compra importante, practique la gratificación retrasada. Tómese tiempo para pensarlo, investigar alternativas y asegurarse de que se ajuste bien a su presupuesto y valores.

Cancelar la suscripción a los correos electrónicos de compras: los minoristas suelen enviar correos electrónicos tentadores de ofertas y descuentos. Cancele su suscripción a estas listas para reducir los desencadenantes de compras impulsivas.

Centrarse en las experiencias sobre las posesiones: invierta en experiencias que creen recuerdos duraderos en lugar de posesiones materiales. Los recuerdos tienden a traer más alegría y satisfacción a largo plazo.

Adopte el minimalismo: considere adoptar un estilo de vida minimalista, en el que priorice la calidad sobre la cantidad y ordene su vida de pertenencias innecesarias.

Celebre sus logros: reconozca y celebre sus logros financieros, por pequeños que sean. Esto aumentará tu confianza y te motivará a seguir tomando decisiones conscientes.

Busque apoyo de amigos y familiares: comparta su compromiso con el consumo consciente con amigos y familiares cercanos. Pueden ofrecerle aliento y exigirle responsabilidades.

Recuerde, el consumo consciente es un viaje y está bien cometer errores ocasionales. La clave es estar atento, aprender de los errores y seguir avanzando hacia una vida más satisfactoria y financieramente estable.

INVERTIR EN SU FUTURO: DECODIFICANDO LA PSICOLOGÍA DE LAS INVERSIONES

- Analizar los sesgos comunes de inversión y sus consecuencias.
- El papel de la percepción del riesgo y la importancia de la diversificación.
- Construir un portafolio de inversiones alineado con los objetivos personales y la tolerancia al riesgo.

La psicología de la inversión es un área de estudio compleja y multifacética que explora los aspectos conductuales y emocionales de la toma de decisiones financieras.

Las inversiones se realizan con la intención principal de acumular riqueza y obtener seguridad financiera a largo plazo. En el contexto del bienestar financiero, esto significa reservar una parte de sus ingresos o ahorros actuales para comprar activos o realizar actividades. El objetivo de invertir es hacer que su dinero aumente con el tiempo para que pueda usarse para necesidades financieras futuras o como una fuente pasiva de ingresos.

Profundiza en las formas en que las emociones humanas, los sesgos cognitivos y las influencias sociales influyen en la forma en que las personas gestionan sus inversiones y navegan en los mercados financieros. Comprender la psicología de la inversión es crucial tanto para los inversores individuales como para los profesionales financieros, ya que puede tener un profundo impacto en los resultados de la inversión y el bienestar financiero general.

Finanzas conductuales:

Las finanzas conductuales son un subcampo de las finanzas que integra teorías psicológicas en los modelos financieros tradicionales. Busca explicar por qué los inversores a veces toman decisiones irracionales y se desvían de los supuestos de la hipótesis del mercado eficiente, que postula que los mercados son siempre racionales y eficientes en información. Las finanzas conductuales identifican diversos sesgos y heurísticas que influyen en las decisiones de inversión, lo que genera anomalías en el mercado y posibles oportunidades de ganancias.

Emociones y toma de decisiones:

Las emociones juegan un papel importante en el proceso de inversión. La codicia, el miedo, la esperanza y el arrepentimiento son sólo algunas de las emociones que pueden influir en gran medida en las decisiones de inversión. Por ejemplo, cuando los mercados suben, los inversores pueden experimentar sentimientos de codicia y FOMO (miedo a perderse algo), lo que les lleva a asumir más riesgos o invertir en activos especulativos. Por el contrario, durante las crisis del mercado, el miedo puede llevar a los inversores a vender por pánico y abandonar sus estrategias de inversión a largo plazo.

Percepción y Tolerancia al Riesgo:

La percepción del riesgo varía mucho entre los individuos y está influenciada por las experiencias personales, la crianza, la cultura y la educación. Algunas personas pueden ser reacias al riesgo y buscar seguridad y estabilidad en sus inversiones, mientras que otras pueden ser más tolerantes al riesgo y buscar mayores rendimientos a pesar de la posibilidad de sufrir mayores pérdidas. Comprender la propia tolerancia al riesgo es esencial para construir una cartera de inversiones bien equilibrada y alineada con sus objetivos financieros y su nivel de comodidad.

Aversión a las pérdidas y el efecto de disposición:

La aversión a las pérdidas se refiere a la tendencia de los inversores a sentir el dolor de las pérdidas con más fuerza que el placer de las ganancias equivalentes. Este fenómeno puede conducir a comportamientos irracionales, como aferrarse a inversiones perdedoras con la esperanza de alcanzar el punto de equilibrio, incluso cuando está claro que vender sería la opción más racional. Este comportamiento se conoce como efecto de disposición y puede obstaculizar el desempeño de la cartera.

Comportamiento gregario y burbujas de mercado:

El comportamiento gregario se produce cuando los inversores siguen a la multitud en lugar de realizar análisis independientes. Esto puede conducir a la formación de burbujas de mercado, donde los precios de los activos se desconectan de sus valores intrínsecos debido a compras excesivas impulsadas por una creencia colectiva de que los precios seguirán subiendo. Al final, la burbuja estalla, lo que provoca fuertes correcciones en el mercado.

Exceso de confianza y exceso de comercio:

El sesgo de exceso de confianza lleva a los inversores a creer que poseen más conocimientos, habilidades o perspicacias de las que realmente tienen. Esto puede llevar a un comercio excesivo y a una sobreestimación de la capacidad de uno para ganarle al mercado. El exceso de operaciones genera costos de transacción y puede erosionar el rendimiento de las inversiones.

Anclaje y Contabilidad Mental:

El anclaje se refiere a la tendencia de los inversores a confiar en gran medida en la información inicial o en puntos de referencia al tomar decisiones de inversión. Por ejemplo, un inversor puede basar su decisión de comprar o vender una acción en función de su precio máximo o mínimo anterior. La contabilidad mental implica categorizar y tratar el dinero de manera diferente según criterios subjetivos, como asignar diferentes fondos a diferentes cuentas sin considerar la estrategia de inversión general.

Sesgo de confirmación y procesamiento selectivo de la información:

El sesgo de confirmación ocurre cuando los inversores buscan y dan más peso a información que confirme sus creencias o hipótesis existentes mientras ignoran o minimizan la información contradictoria. Esto puede conducir a una falta de diversificación y a una renuencia a considerar perspectivas alternativas.

Aversión al arrepentimiento e inercia:

La aversión al arrepentimiento es el deseo de evitar los sentimientos de arrepentimiento asociados con una decisión de inversión equivocada. Los inversores pueden quedar paralizados por el miedo a cometer un error, lo que los lleva a la inercia y a no tomar las medidas adecuadas para reequilibrar o ajustar sus carteras.

Sesgo retrospectivo:

El sesgo retrospectivo es la tendencia de las personas a percibir eventos pasados como más predecibles de lo que eran en el momento en que ocurrieron. Al invertir, esto puede llevar a los inversores a creer que podrían haber predicho con precisión los movimientos del mercado o el desempeño de acciones específicas.

Comprender la psicología de la inversión puede ayudar a los inversores y profesionales financieros a tomar decisiones más informadas y racionales. Ser consciente de estos sesgos y heurísticas puede conducir a mejores estrategias de inversión, gestión de riesgos y planificación financiera general. Se pueden utilizar técnicas como la atención plena y la inversión disciplinada para contrarrestar la toma de decisiones emocionales y mejorar el éxito de las inversiones a largo plazo.

Además, la educación financiera y la búsqueda de asesoramiento de profesionales pueden capacitar a las personas para navegar mejor las complejidades de la inversión y lograr sus objetivos financieros, manteniendo al mismo tiempo un enfoque equilibrado y disciplinado para gestionar sus inversiones. Al aprender y adaptar continuamente sus estrategias de inversión, las personas pueden aumentar sus posibilidades de generar riqueza y lograr seguridad financiera.

Importancia de invertir

Conozca a Sarah, una amiga de la universidad, ahora profesional en activo de 30 años. Como muchos adultos jóvenes, Sarah estaba concentrada en su carrera y en disfrutar de la vida, y aunque tenía un trabajo estable, no había pensado mucho en su futuro financiero. Gastaría la mayor parte de sus ingresos en gastos corrientes, obsequios ocasionales y viajes cortos, dejando poco para ahorrar o invertir.

Un día, Sarah recibió la noticia de una oportunidad laboral en otra ciudad, que ofrecía un salario más alto y mejores perspectivas profesionales. Emocionada por la oportunidad de progresar en su carrera, aceptó la oferta y se mudó a la nueva ciudad. Sin embargo, con el costo de vida más alto, Sarah se dio cuenta de que su aumento salarial no era tan significativo como esperaba. Ahora se encontraba luchando para cubrir los gastos y le quedaba muy poco para ahorrar o invertir.

Unos años más tarde, Sarah asistió a un taller financiero organizado por su empleador. El taller cubrió varios temas, incluida la importancia de invertir para el futuro. Durante la sesión, el presentador explicó el concepto de interés compuesto y el poder de empezar a invertir temprano.

Sarah tuvo un momento de "ajá" durante el taller. Se dio cuenta de que si hubiera comenzado a invertir incluso una pequeña cantidad con regularidad cuando tenía 20 años, le habría dado a su dinero más tiempo para crecer y beneficiarse del poder de la capitalización.

Sintiéndose inspirada, Sarah decidió hacerse cargo de su futuro financiero. Se comprometió a crear un presupuesto, reducir gastos innecesarios y reservar una parte de sus ingresos para invertir. Inició una cuenta de ahorros para la jubilación y una cartera de inversiones diversificada, compuesta por acciones, bonos y fondos mutuos.

Durante la siguiente década, Sarah contribuyó diligentemente a sus cuentas de inversión y, a medida que pasaron los años, vio cómo sus inversiones crecían de manera constante. El poder de la capitalización, junto con las ganancias del mercado, comenzó a trabajar a su favor. Sarah se sorprendió de cómo su dinero trabajaba para ella y se dio cuenta de la importancia de hacer que su dinero trabajara tan duro como ella.

Cuando Sarah llegó a los 40 años, sintió una sensación de seguridad financiera y tranquilidad. Sus inversiones habían aumentado significativamente, proporcionándole una red de seguridad para emergencias y la posibilidad de una jubilación cómoda. También aprendió el valor de la diversificación, que ayudó a proteger sus inversiones en tiempos de volatilidad del mercado.

La experiencia de Sarah le enseñó que invertir no se trataba sólo de ahorrar dinero para el futuro; se trataba de tomar el control de su destino financiero. La disciplina y el compromiso que mostró al invertir desde el principio marcaron una profunda diferencia en su bienestar financiero y le abrieron oportunidades que no había creído posibles.

Esta experiencia identificable muestra la importancia de invertir, especialmente comenzar temprano y ser consistente con las contribuciones. Demuestra que la inversión no es únicamente para los ricos o los expertos financieros; más bien, es una herramienta vital que cualquiera puede utilizar para construir un futuro financiero seguro y lograr sus objetivos a largo plazo. Al igual que Sarah, las personas que priorizan la inversión y la planificación financiera pueden prepararse para una vida más próspera y plena en el futuro.

La inversión es un aspecto fundamental para generar riqueza, lograr objetivos financieros y fomentar el crecimiento económico. Permite a las personas tomar el control de su futuro financiero, asegurar su jubilación y crear un legado para las generaciones futuras. Ya sea a través de inversiones individuales o de la participación en los mercados financieros, la inversión prudente puede tener un impacto transformador en la vida de las personas y en la economía en general. Reflexionar sobre ello le otorga a uno el privilegio de la creación de riqueza y la seguridad financiera, el logro de objetivos financieros, la planificación de la jubilación, la lucha contra la inflación, la generación de ingresos pasivos, la diversificación y la gestión de riesgos, aprovechando la capitalización, la independencia financiera y la libertad, sin limitarse a ello.

Percepción del riesgo

Consideremos la experiencia en tiempo real de un individuo llamado Jeff, que es un inversor aficionado con un conocimiento limitado del mercado de valores. Un día, Jeff se entera de una nueva empresa de tecnología que recientemente salió a bolsa y experimentó un aumento significativo en el precio de sus acciones. Varios medios de comunicación cubren el éxito de la empresa y parece que todo el mundo habla de ello. Jeff comienza a sentir miedo a perderse algo (FOMO) y se siente tentado a invertir una parte sustancial de sus ahorros en esta acción de moda.

En este escenario, varios factores psicológicos entran en juego en la percepción de riesgo de Jeff:

Familiaridad e influencia de los medios: la amplia cobertura mediática de la empresa de tecnología la ha hecho familiar para Jeff, y la narrativa positiva retratada por los medios ha influido en su percepción del potencial de la acción.

Pavor y volatilidad: Jeff puede experimentar miedo o pavor de perderse posibles ganancias masivas si no invierte en las acciones. Podrían ignorar la volatilidad y los posibles riesgos a la baja asociados con la inversión en una empresa tecnológica volátil y de reciente cotización.

Sesgo de confirmación: Jeff podría buscar información que confirme su creencia en el potencial de crecimiento de la acción, pasando por alto posibles señales de alerta o puntos de vista contrarios.

Confianza y experiencia: las personas tienden a confiar en los juicios de expertos y autoridades al evaluar riesgos. La percepción del riesgo puede verse influenciada por la credibilidad y la experiencia de las fuentes que proporcionan información.

Estrategias para desarrollar una visión equilibrada e informada del riesgo de inversión

Para evitar caer en la trampa de tomar decisiones de inversión impulsivas y desinformadas, Jeff puede adoptar las siguientes estrategias:

Infórmese: Tómese el tiempo para aprender sobre inversiones y el mercado de valores. Comprender conceptos fundamentales como riesgo, diversificación y la importancia de un enfoque de inversión a largo plazo.

Diversifique su cartera: evite poner todos sus huevos en una sola canasta. Diversificar las inversiones en diferentes activos, industrias y geografías puede ayudar a mitigar los riesgos.

Evalúe la tolerancia al riesgo: evalúe su tolerancia al riesgo y sus objetivos de inversión de manera realista. Comprenda que los altos rendimientos potenciales a menudo conllevan mayores niveles de riesgo y que no todas las inversiones producirán resultados positivos.

Busque asesoramiento profesional: considere consultar con un asesor financiero que pueda brindarle orientación experta según su situación financiera, sus objetivos y su tolerancia al riesgo.

Realice la debida diligencia: antes de invertir en cualquier acción, investigue exhaustivamente la salud financiera, la posición competitiva, las perspectivas de crecimiento y el equipo directivo de la empresa. Evite confiar únicamente en las exageraciones o rumores de los medios.

Considere un enfoque de promedio de costos en dólares: en lugar de invertir una suma global de una vez, considere distribuir su inversión a lo largo del tiempo utilizando una estrategia de promedio de costos en dólares. Este enfoque puede ayudar a reducir el impacto de las fluctuaciones del mercado a corto plazo.

Practica la paciencia y la disciplina: evita tomar decisiones apresuradas impulsadas por las emociones. Sea paciente y disciplinado a la hora de ceñirse a su plan de inversión, incluso durante períodos de volatilidad del mercado.

Manténgase informado: supervise continuamente sus inversiones y manténgase informado sobre las tendencias del mercado, pero evite reaccionar de forma exagerada ante las fluctuaciones a corto plazo.

Si sigue estas estrategias, Jeff puede desarrollar una visión más equilibrada e informada del riesgo de inversión, lo que le permitirá tomar decisiones más racionales y mejor pensadas, alineadas con sus objetivos financieros a largo plazo. Recuerde, invertir implica riesgos inherentes y no hay garantías de rendimiento, pero un enfoque reflexivo e informado puede mejorar las posibilidades de lograr objetivos financieros con el tiempo.

Construcción de cartera

El acto de elegir y mezclar diferentes activos, como acciones, bonos, efectivo y otros vehículos de inversión, para lograr objetivos financieros específicos y al mismo tiempo gestionar eficientemente el riesgo, se conoce como creación de cartera. Dada una cantidad específica de tolerancia al riesgo y objetivos de inversión, una cartera bien construida está diseñada para maximizar la rentabilidad. A través de la diversidad, es posible lograr un equilibrio entre aumentar las ganancias potenciales y reducir el riesgo total.

Diversificación en la construcción de carteras.

La diversificación en la construcción de carteras es una estrategia de inversión que implica distribuir sus inversiones entre una variedad de activos para reducir el riesgo y aumentar el potencial de rentabilidad. La idea básica detrás de la diversificación es no poner todos los huevos en una sola canasta, ya que diferentes activos tienden a funcionar de manera diferente en diversas condiciones de mercado.

El objetivo principal de la diversificación es lograr un equilibrio entre riesgo y recompensa combinando activos que tienen correlaciones bajas o negativas entre sí. La correlación se refiere al grado en que están relacionados los movimientos de precios de dos activos. Si los activos tienen una correlación baja, es menos probable que sus precios se muevan en conjunto. Como resultado, cuando el valor de un activo puede disminuir, otro puede potencialmente aumentar, reduciendo la volatilidad general de la cartera.

Alinear las opciones de inversión con los objetivos personales y el apetito por el riesgo implica considerar tres conceptos fundamentales: asignación de activos, tolerancia al riesgo y horizonte temporal. Estos conceptos son cruciales para crear una estrategia de inversión adecuada y bien equilibrada adaptada a los objetivos financieros y preferencias de riesgo específicos de un individuo.

1. Asignación de activos: la asignación de activos se refiere al proceso de dividir una cartera de inversiones entre diferentes clases de activos, como acciones, bonos, efectivo, bienes raíces y otras inversiones. El principal objetivo de la asignación de activos es distribuir el riesgo y potencialmente aumentar la rentabilidad invirtiendo en diferentes tipos de activos que reaccionan de manera diferente a las condiciones del mercado. Las tres principales clases de activos son:

a. Acciones/acciones: representan la propiedad de una empresa e históricamente han ofrecido rendimientos más altos, pero también conllevan una mayor volatilidad y riesgo.

b. Renta Fija/Bonos: Son títulos de deuda emitidos por gobiernos o empresas. Los bonos generalmente proporcionan un flujo de ingresos constante y se consideran menos riesgosos que las acciones, pero pueden ofrecer rendimientos potenciales más bajos.

C. Efectivo y equivalentes de efectivo: incluyen fondos del mercado monetario y bonos gubernamentales a corto plazo. Las inversiones en efectivo son las menos riesgosas pero también ofrecen rendimientos más bajos en comparación con las acciones y los bonos.

La asignación a cada clase de activos se determina en función de la tolerancia al riesgo, los objetivos financieros y el horizonte temporal de cada individuo.

2. Tolerancia al riesgo: la tolerancia al riesgo se refiere a la capacidad y voluntad de un individuo para soportar fluctuaciones en el valor de sus inversiones. Es una medida subjetiva que depende de factores como la situación financiera, el conocimiento de inversión, el horizonte temporal y la disposición emocional.

Los inversores con una mayor tolerancia al riesgo se sienten más cómodos con la posibilidad de experimentar pérdidas significativas a corto plazo en busca de mayores rendimientos a largo plazo. Es posible que tengan una mayor asignación a acciones en su cartera. Por el contrario, los inversores con menor tolerancia al riesgo prefieren inversiones más estables y menos volátiles, como bonos y efectivo.

Determinar su tolerancia al riesgo es esencial para garantizar que sus opciones de inversión se alineen con su nivel de comodidad emocional y su capacidad para resistir las fluctuaciones del mercado.

3. Horizonte temporal: el horizonte temporal representa el período de tiempo que un inversor planea mantener sus inversiones antes de necesitar acceder a los fondos para objetivos financieros específicos. El horizonte temporal juega un papel fundamental en las decisiones de inversión porque los diferentes activos tienen diferentes niveles de volatilidad a corto plazo y potencial de crecimiento a largo plazo.

a. Metas a corto plazo: si una persona tiene objetivos financieros dentro de los próximos 1 a 3 años, debe centrarse en inversiones más estables y líquidas, como efectivo y bonos a corto plazo, para proteger su capital de las oscilaciones del mercado.

b. Metas a mediano plazo: Las metas financieras dentro de 3 a 7 años brindan un poco más de flexibilidad, lo que permite un enfoque equilibrado con una combinación de acciones y bonos para buscar crecimiento mientras se gestiona el riesgo.

C. Objetivos a largo plazo: para objetivos a más de 7 años de distancia, los inversores pueden considerar una asignación más agresiva con una mayor proporción de acciones, ya que históricamente han proporcionado rendimientos más altos durante períodos largos a pesar de las fluctuaciones a corto plazo.

Al comprender su horizonte temporal, los inversores pueden seleccionar inversiones adecuadas que coincidan con el marco temporal de sus objetivos y potencialmente capitalizar los beneficios de la capitalización a lo largo del tiempo.

Alinear las opciones de inversión con los objetivos personales y el apetito por el riesgo requiere una consideración cuidadosa de la asignación de activos, la tolerancia al riesgo y el horizonte temporal. Es esencial lograr un equilibrio que se alinee con sus objetivos financieros y al mismo tiempo considerar su comodidad emocional y su capacidad para gestionar el riesgo durante el proceso de inversión. Trabajar con un asesor financiero puede resultar beneficioso para adaptar una estrategia de inversión que se adapte a sus circunstancias únicas y le ayude a perseguir sus aspiraciones financieras.

Importancia de la diversificación en la construcción de Portafolios

Es importante señalar que la diversificación no elimina todos los riesgos de inversión, pero es una estrategia prudente para gestionar el riesgo de forma eficaz mientras se buscan oportunidades de crecimiento. Lograr una cartera bien diversificada requiere una estrategia de asignación de activos bien pensada que considere la situación financiera, los objetivos de inversión y la tolerancia al riesgo del inversionista. A continuación se detallan los elementos esenciales de la diversificación:

- **Reducción de riesgos:** la diversificación ayuda a reducir el impacto de los activos individuales o los riesgos de mercado en la cartera general. Al mantener una combinación de diferentes inversiones, particularmente aquellas con rendimientos bajos o correlacionados negativamente, las pérdidas en un activo pueden compensarse con ganancias en otros. Esto ayuda a estabilizar el rendimiento de la cartera a lo largo del tiempo, haciéndola menos susceptible a fluctuaciones y volatilidad extremas.

- **Suavizar los rendimientos:** una cartera diversificada tiende a tener rendimientos más estables y predecibles en comparación con una cartera concentrada. Los altibajos de los activos individuales pueden equilibrarse entre sí, lo que lleva a un desempeño general más fluido. Esto puede resultar especialmente beneficioso para los inversores con menor tolerancia al riesgo o para aquellos que se acercan a la jubilación, ya que buscan ingresos más estables y consistentes de sus inversiones.

- **Exposición a diferentes ciclos de mercado:** diferentes clases de activos tienden a comportarse de manera diferente en diversas condiciones económicas y de mercado. Al diversificar entre clases de activos, un inversor gana exposición a varios ciclos del mercado. Por ejemplo, cuando las acciones tienen un rendimiento inferior, los bonos pueden ofrecer rendimientos más estables, y viceversa. Este efecto de contrapeso puede ayudar a mitigar las pérdidas durante períodos de mercado difíciles.

- **Preservación del capital:** la diversificación ayuda a proteger el capital invertido en la cartera. Si bien ninguna inversión está completamente libre de riesgos, distribuir activos entre diferentes tipos de valores puede evitar pérdidas graves por el fracaso de una sola inversión. Esto, a su vez, ayuda a mantener el poder adquisitivo de la inversión y protege contra la erosión de la riqueza.

- **Potencial de mayores rendimientos:** aunque la diversificación a menudo se asocia con la reducción del riesgo, también puede contribuir a mejores rendimientos ajustados al riesgo a largo plazo. Al incluir diferentes activos con diferentes características de rendimiento, el potencial de rendimiento general de la cartera puede aumentar sin un aumento significativo del riesgo.

- **Beneficios psicológicos:** la diversificación puede proporcionar beneficios psicológicos a los inversores. Saber que sus inversiones están distribuidas en varios activos puede ayudar a reducir la ansiedad y la toma de decisiones emocionales durante condiciones de mercado turbulentas. Una cartera diversificada puede ayudar a los inversores a mantenerse comprometidos con sus objetivos de inversión a largo plazo, evitando reacciones impulsivas a las fluctuaciones del mercado a corto plazo.

- **Personalización y flexibilidad:** la diversificación permite a los inversores personalizar sus carteras para alinearlas con sus objetivos financieros, horizontes temporales y tolerancias al riesgo. La combinación de clases de activos y valores puede adaptarse para adaptarse a las preferencias y objetivos individuales.

Vehículos de inversión y sus características únicas

Hay varios vehículos de inversión disponibles para los individuos, cada uno con sus propias características únicas y consideraciones psicológicas asociadas. A continuación se presentan algunas opciones de inversión comunes y los aspectos psicológicos a considerar para cada una:

1. Cepo:

Las acciones representan la propiedad de una empresa y se compran y venden en las bolsas de valores. Cuando compra acciones, se convierte en propietario parcial de la empresa y sus acciones le dan derecho a una parte de las ganancias y activos de la empresa. Las acciones son un componente esencial de muchas carteras de inversión debido a su potencial de crecimiento a largo plazo y su capacidad de superar la inflación. Invertir en acciones puede ofrecer la posibilidad de obtener altos rendimientos, pero también conlleva una mayor volatilidad y riesgo. Las consideraciones psicológicas para las acciones incluyen:

- **Tolerancia al riesgo:** invertir en acciones individuales requiere una mayor tolerancia al riesgo debido a la posibilidad de que se produzcan fluctuaciones significativas de precios, lo que puede provocar estrés emocional en algunos inversores.

- **Sentimiento del mercado:** los precios de las acciones pueden verse influenciados por el sentimiento y las noticias del mercado, lo que provoca reacciones emocionales que pueden conducir a decisiones impulsivas.

- **Perspectiva a largo plazo:** para mitigar el impacto de la volatilidad a corto plazo, se necesita una perspectiva a largo plazo y paciencia al invertir en acciones.

2. Cautiverio:

Los bonos son títulos de deuda emitidos por gobiernos o empresas, que representan un préstamo del inversor al emisor. Los bonos son un tipo de inversión que permite a individuos, empresas y gobiernos pedir dinero prestado a inversores. Cuando compras un bono, básicamente estás prestando tu dinero al emisor (el prestatario) durante un período de tiempo específico. A cambio, el emisor se compromete a devolverle el monto original que invirtió, conocido como "valor nominal" o "valor nominal", al final del plazo del bono. Además, el emisor le realizará pagos de intereses regulares durante la vigencia del bono. Los bonos generalmente se consideran menos riesgosos que las acciones, pero ofrecen rendimientos potenciales más bajos. Las consideraciones psicológicas para los bonos incluyen:

- **Estabilidad de ingresos:** los bonos pueden proporcionar un flujo constante de ingresos, ofreciendo una sensación de estabilidad y seguridad a los inversores que priorizan la generación de ingresos.

- **Menor volatilidad:** en comparación con las acciones, los precios de los bonos tienden a ser menos volátiles, lo que puede atraer a inversores reacios al riesgo que buscan preservar el capital.

- **Sensibilidad a las tasas de interés:** los precios de los bonos son sensibles a los cambios en las tasas de interés, y es posible que los inversores necesiten gestionar su respuesta emocional a la fluctuación de los precios de los bonos en respuesta a los cambios en las tasas.

3. Fondos mutuos y fondos cotizados en bolsa (ETF):

Los fondos mutuos y los ETF reúnen dinero de múltiples inversores para invertir en una cartera diversificada de activos. Estos vehículos de inversión ofrecen diversificación incorporada, lo que los convierte en opciones populares para muchos inversores.

Ilustración: La fiesta en la piscina

Imagina que tú y tus amigos deciden organizar una fiesta en la piscina y todos quieren contribuir algo de dinero para comprar bocadillos, bebidas y decoraciones para la fiesta. Tienes dos opciones para organizar el dinero:

Opción 1: Fondo mutuo

En esta opción, designas a un amigo como "Administrador del fondo". Cada amigo aporta algo de dinero (digamos $10 cada uno) al administrador del fondo, quien luego reúne todo el dinero. El Administrador del Fondo es responsable de decidir qué snacks, bebidas y adornos comprar según las preferencias y el presupuesto del grupo.

- **Explicación del fondo mutuo** : en un fondo mutuo, muchos inversores juntan su dinero y un administrador de fondos profesional invierte este dinero en una cartera diversificada de acciones, bonos u otros activos. Cada inversor posee unidades o acciones del fondo mutuo, que representan una parte del conjunto total. El Gestor del Fondo toma decisiones de inversión en nombre de todos los inversores.

Opción 2: Fondo cotizado en bolsa (ETF)

En esta opción, tú y tus amigos decidéis ser más independientes. Cada amigo trae sus propios $10 y compra bocadillos, bebidas o decoraciones de su elección en un área designada cerca de la piscina. Todos pueden ver lo que otros están comprando y pueden elegir comprar el mismo artículo o artículos diferentes.

- **Explicación del ETF** : en un fondo cotizado en bolsa (ETF), los inversores compran acciones directamente en la bolsa de valores, al igual que compran acciones de una empresa. Cada acción representa una parte de los activos subyacentes del ETF, que puede ser una colección diversa de acciones, bonos u otros activos. Los inversores pueden comprar o vender acciones de ETF durante todo el día de negociación a precios de mercado, al igual que las acciones.

Diferencias clave:

1. **Método de negociación** : en un fondo mutuo, usted compra y vende unidades del administrador del fondo al precio del valor liquidativo (NAV) al final del día. En un ETF, usted negocia acciones en la bolsa de valores durante todo el día a precios de mercado.

2. **Flexibilidad** : los ETF ofrecen más flexibilidad, permitiendo a los inversores comprar o vender acciones en cualquier momento durante el día de negociación, mientras que los fondos mutuos se negocian una vez al día después del cierre del mercado.

3. **Costos** : los ETF generalmente tienen índices de gastos más bajos en comparación con los fondos mutuos porque tienden a tener gastos operativos más bajos.

4. **Eficiencia fiscal** : los ETF son generalmente más eficientes desde el punto de vista fiscal que los fondos mutuos, ya que a menudo tienen menos hechos imponibles.

5. **Inversión mínima** : los fondos mutuos pueden tener requisitos mínimos de inversión, mientras que los ETF se pueden comprar con el precio de una sola acción.

Tenga en cuenta que tanto los fondos mutuos como los ETF le brindan formas de diversificar sus inversiones entre diferentes activos sin tener que elegir acciones o bonos específicos. Son opciones populares para los inversores que desean más control y flexibilidad sobre sus decisiones de inversión (ETF) o que prefieren un enfoque de no intervención, dejando las decisiones de inversión a administradores de fondos profesionales (fondos mutuos).

Las consideraciones psicológicas para fondos mutuos y ETF incluyen:

- **Beneficios de la diversificación:** los inversores pueden sentirse cómodos con la diversificación que ofrecen estos fondos, lo que puede ayudar a reducir el impacto de las pérdidas de inversiones individuales.

- **Gestión profesional:** los fondos son administrados por profesionales, lo que alivia a los inversores de la carga de la toma de decisiones diaria pero requiere confianza en la experiencia del administrador del fondo.

- **Fluctuaciones del mercado:** a pesar de la diversificación, los fondos mutuos y los ETF aún pueden estar sujetos a las fluctuaciones del mercado, lo que requiere centrarse en objetivos a largo plazo y estar dispuesto a capear la volatilidad a corto plazo.

4. Bienes raíces:

Bienes raíces se refiere a terrenos, edificios y cualquier mejora realizada al terreno, como casas, apartamentos, propiedades comerciales y otras estructuras. También incluye recursos naturales adheridos a la tierra o dentro de ella, como minerales, agua y vegetación. El sector inmobiliario es un componente importante tanto del sector residencial como del comercial y forma una parte esencial de la economía.

Tipos de Bienes Raíces:

- Bienes raíces residenciales: esto incluye propiedades utilizadas con fines de vivienda, como casas unifamiliares, condominios, casas adosadas, apartamentos y casas de vacaciones.
- Bienes raíces comerciales: las propiedades comerciales se utilizan para negocios o actividades generadoras de ingresos. Pueden incluir edificios de oficinas, tiendas minoristas, centros comerciales, almacenes, hoteles y restaurantes.

- Bienes inmuebles industriales: estas propiedades se utilizan con fines industriales, como fábricas, plantas de fabricación, centros de distribución e instalaciones de almacenamiento.
- Terreno: Terreno no mejorado o terreno baldío se refiere a parcelas sin ninguna estructura. Los inversores pueden comprar terrenos para futuros desarrollos o fines de inversión.

Invertir en bienes raíces implica comprar propiedades para obtener ingresos por alquiler o apreciación del capital. Las inversiones inmobiliarias ofrecen un flujo de caja potencial y un activo tangible. Las consideraciones psicológicas para el sector inmobiliario incluyen:

- **Iliquidez:** las inversiones inmobiliarias son relativamente ilíquidas en comparación con las acciones o los bonos, lo que puede requerir paciencia y una mentalidad a largo plazo.

- **Administración de propiedades:** Es posible que los inversores en propiedades de alquiler deban manejar problemas relacionados con los inquilinos, el mantenimiento y otras responsabilidades de administración de propiedades, lo que requiere un enfoque práctico.

- **Vínculos emocionales:** algunos inversores desarrollan vínculos emocionales con sus inversiones inmobiliarias, lo que dificulta la toma de decisiones objetivas cuando es necesario.

5. Certificados de Depósito (CD) y Cuentas de Ahorro:

Certificados de depósito (CD):

Un Certificado de Depósito (CD) es un tipo de depósito a plazo ofrecido por bancos y cooperativas de crédito. Es un producto financiero de bajo riesgo en el que usted acepta depositar una cantidad específica de dinero en la institución financiera por un período de tiempo fijo, conocido como "plazo" o "tenencia".

Plazo fijo: a diferencia de las cuentas de ahorro regulares, los CD tienen un plazo fijo, que puede variar desde unos pocos meses hasta varios años. Durante este periodo, no podrás retirar el dinero sin pagar una penalización.

Tasas de interés más altas: a cambio de aceptar no retirar los fondos prematuramente, los bancos ofrecen tasas de interés más altas en los CD en comparación con las cuentas de ahorro estándar.

Retornos garantizados: los CD brindan un retorno garantizado de su inversión al final del plazo. Usted sabe exactamente cuánto dinero recibirá cuando venza el CD.

Libre de riesgos: los CD se consideran inversiones de bajo riesgo porque están asegurados por el gobierno (en EE. UU., hasta $250 000 por titular de cuenta por institución) y ofrecen una tasa de interés fija.

Falta de liquidez: la principal desventaja de los CD es que no puede acceder a su dinero hasta que el CD venza sin incurrir en una multa. Por lo tanto, es fundamental estar seguro de que no necesitará los fondos durante la vigencia del CD.

Guardando cuentas:

Una Cuenta de Ahorros es una cuenta bancaria básica que le permite depositar y retirar dinero mientras gana intereses sobre el saldo.

Liquidez: Las cuentas de ahorro ofrecen alta liquidez, lo que significa que puedes retirar tu dinero en cualquier momento sin enfrentar penalizaciones (sujeto a las restricciones establecidas por el banco).

Tasas de interés: si bien las cuentas de ahorro generan intereses, las tasas son generalmente más bajas que las de los CD.

Accesibilidad: Las cuentas de ahorro son fáciles de abrir y pueden servir como un lugar para almacenar fondos de emergencia o dinero al que necesite acceder con regularidad.

Seguro: al igual que los CD, las cuentas de ahorro también están aseguradas por el gobierno (en EE. UU., hasta $250 000 por titular de cuenta por institución), lo que las convierte en un lugar seguro para almacenar su dinero.

Diferencias clave:

Las principales diferencias entre los CD y las cuentas de ahorro son:

Plazo: los CD tienen plazos fijos y usted acepta no retirar el dinero durante un período específico, mientras que las cuentas de ahorro no tienen plazo fijo, lo que le permite retirar dinero cuando lo necesite.

Tasas de interés: los CD generalmente ofrecen tasas de interés más altas que las cuentas de ahorro debido al compromiso a más largo plazo.

Liquidez: las cuentas de ahorro brindan fácil acceso a su dinero, mientras que los CD requieren que espere hasta la fecha de vencimiento para evitar multas.

Riesgo: Tanto los CD como las cuentas de ahorro son de bajo riesgo, pero los CD ofrecen un rendimiento garantizado, mientras que las tasas de las cuentas de ahorro pueden fluctuar según las condiciones del mercado.

Los CD son adecuados para quienes tienen fondos adicionales que pueden guardar durante un período específico, desean tasas de interés más altas y no necesitan acceso inmediato al dinero. Las cuentas de ahorro son más flexibles, adecuadas para un uso regular y permiten un fácil acceso a los fondos.

Se consideran opciones de inversión más seguras, ya que ofrecen una rentabilidad o tasa de interés fija. Las consideraciones psicológicas para los CD y las cuentas de ahorro incluyen:

- **Preservación de capital:** estas cuentas suelen ser de bajo riesgo y brindan una sensación de seguridad a los inversores preocupados por preservar su capital.

- **Costo de oportunidad:** si bien son seguros, los CD y las cuentas de ahorro pueden ofrecer rendimientos más bajos en comparación con otras inversiones, lo que requiere que los inversores acepten el equilibrio entre seguridad y crecimiento potencial.

- **Riesgo de inflación:** en períodos de alta inflación, el poder adquisitivo de los rendimientos de los CD y las cuentas de ahorro puede disminuir, lo que genera frustración para los inversores que buscan mayores rendimientos.

6. CRIPTOMONEDAS:

Las criptomonedas son monedas digitales o virtuales que utilizan criptografía por motivos de seguridad. Han ganado popularidad como inversiones alternativas, pero conllevan una volatilidad y un riesgo significativos. Las consideraciones psicológicas para las criptomonedas incluyen:

- **Volatilidad y especulación:** las criptomonedas pueden experimentar fluctuaciones extremas de precios, lo que genera sentimientos de entusiasmo o ansiedad en los inversores que participan en operaciones especulativas.

- **FOMO (Miedo a perderse algo):** el miedo a perderse ganancias potenciales puede impulsar decisiones de inversión impulsivas, especialmente durante períodos de rápida apreciación de los precios.

- **Falta de regulación y asimetría de información:** la falta de supervisión regulatoria y de acceso a información completa puede generar incertidumbre y estrés entre los inversores en criptomonedas.

7. Préstamos entre pares:

Las plataformas de préstamos entre pares permiten a las personas prestar dinero directamente a los prestatarios. También conocido como préstamo de persona a persona o préstamo social, es una innovación financiera que permite a las personas pedir prestado y prestar dinero directamente entre sí a través de plataformas en línea. En lugar de recurrir a instituciones financieras tradicionales como los bancos, las plataformas de préstamos P2P conectan a los prestatarios con prestamistas potenciales, eliminando a los intermediarios. Esta opción de inversión ofrece rendimientos potencialmente más altos, pero conlleva un mayor riesgo crediticio. Las consideraciones psicológicas para los préstamos entre pares incluyen:

- **Evaluación del riesgo crediticio:** los inversores deben evaluar la solvencia crediticia de los prestatarios, lo que puede generar preocupaciones sobre posibles incumplimientos y pérdidas de capital.

- **Ingresos y flujo de caja regulares:** los préstamos P2P pueden proporcionar pagos de intereses regulares, lo que puede atraer a inversores centrados en los ingresos.

- **Diversificación de cartera:** los inversores deben diversificar sus préstamos para distribuir el riesgo, pero se debe gestionar el impacto emocional de los incumplimientos en los préstamos individuales.

Cada vehículo de inversión viene con su propio conjunto de consideraciones psicológicas, y comprender estos aspectos es esencial para tomar decisiones de inversión racionales e informadas. Es fundamental que los inversores sean conscientes de su tolerancia al riesgo, sus prejuicios emocionales y sus objetivos a largo plazo para crear una estrategia de inversión adecuada y equilibrada que se alinee con sus necesidades y preferencias individuales. Buscar el consejo de un asesor financiero también puede resultar beneficioso para afrontar los aspectos psicológicos de la inversión y lograr los objetivos financieros.

Construyendo una cartera de inversiones

A continuación se muestra un ejemplo de una cartera de inversiones hipotética. Tenga en cuenta que esta es una ilustración general y no un asesoramiento financiero personalizado. La composición de una cartera de inversiones real debe adaptarse a los objetivos individuales, la tolerancia al riesgo y la situación financiera.

1. **Acciones** (60% de la cartera):

   - Apple Inc. (NASDAQ: AAPL): una empresa de tecnología líder con un sólido ecosistema de productos y un crecimiento constante.

- Amazon.com Inc. (NASDAQ: AMZN): una de las empresas de comercio electrónico y computación en la nube más grandes del mundo.

- Johnson & Johnson (NYSE: JNJ): una empresa de atención médica diversificada conocida por su estabilidad y pago de dividendos.

- Alphabet Inc. (NASDAQ: GOOGL): la empresa matriz de Google, un actor dominante en el espacio tecnológico y de publicidad en línea.

2. **Bonos** (20% de la cartera):

- Bonos del Tesoro de EE. UU.: un activo de refugio seguro emitido por el gobierno de EE. UU. que proporciona estabilidad e ingresos fijos.

- Bonos corporativos: bonos emitidos por empresas de renombre que ofrecen rendimientos más altos que los bonos gubernamentales con un riesgo moderado.

3. **Fideicomisos de Inversión Inmobiliaria (REIT)** (10% de la cartera):

- Un REIT que se centra en propiedades comerciales y ofrece potencial de apreciación del capital e ingresos regulares a través de dividendos.

4. **Fondo de Mercados Emergentes** (10% de la cartera):

- Un fondo mutuo diversificado o fondo cotizado en bolsa (ETF) que invierte en economías de mercados emergentes, con el objetivo de lograr un mayor potencial de crecimiento.

5. **Efectivo** (10% de la cartera):

- Mantenido en una cuenta de ahorro con intereses altos o vehículos de inversión a corto plazo para necesidades de liquidez y emergencia.

La razón detrás de esta asignación es equilibrar el riesgo y los rendimientos potenciales. Las acciones ofrecen potencial de crecimiento pero conllevan una mayor volatilidad, mientras que los bonos y los REIT brindan estabilidad e ingresos. El fondo de mercados emergentes añade diversificación y potencial para un mayor crecimiento en las economías en desarrollo. Se mantiene efectivo para garantizar la liquidez y capitalizar posibles oportunidades de inversión.

Es esencial tener en cuenta que las circunstancias y los objetivos individuales difieren, por lo que es posible que este portafolio no sea adecuado para todos. Consulte con un asesor financiero autorizado para crear una estrategia de inversión personalizada basada en su situación financiera específica y tolerancia al riesgo. Además, tenga en cuenta que todas las inversiones conllevan algún nivel de riesgo y el rendimiento pasado no es indicativo de resultados futuros.

DINERO Y RELACIONES: NAVEGANDO POR LA PSICOLOGÍA DE LAS FINANZAS COMPARTIDAS

- Comprender la dinámica psicológica que afecta las discusiones financieras dentro de las relaciones.
- Estrategias para administrar el dinero en pareja o familia.
- Generar confianza, comunicación y objetivos financieros compartidos.

El dinero puede ser un tema delicado y desafiante en cualquier relación, pero es esencial navegar por sus complejidades para mantener una relación sana. Los socios en una relación pueden comunicarse, comprometerse y apoyarse abiertamente, haciendo que su viaje financiero sea más fluido y su vínculo más fuerte. A pesar de sus diferentes personalidades monetarias, encuentran un equilibrio que les permite trabajar en equipo para alcanzar sus objetivos financieros compartidos.

Las discusiones financieras dentro de las relaciones pueden ser complejas y cargadas de emociones, ya que el dinero a menudo conlleva importantes significados psicológicos y simbólicos. Varias dinámicas psicológicas pueden influir en cómo se desarrollan estas discusiones e impactar la dinámica entre las parejas. Aquí hay algunos factores clave a considerar:

El dinero como símbolo de poder y control: el dinero puede representar poder y control en una relación. Las disparidades en los hábitos de ingresos o gastos pueden hacer que uno de los socios se sienta dominante o subordinado. Esta dinámica de poder puede influir en la toma de decisiones y crear tensión cuando se toman decisiones financieras.

Educación y valores monetarios: la educación y las primeras experiencias de cada socio con el dinero pueden afectar significativamente sus actitudes y comportamientos con respecto a las finanzas. Los valores monetarios de una persona, como ahorrar, gastar o invertir, pueden chocar con los de su pareja, lo que genera conflictos y malentendidos.

Estilos de comunicación: la comunicación eficaz es crucial en cualquier relación, pero se vuelve aún más crítica cuando se discuten asuntos financieros. Las diferencias en los estilos de comunicación, como evitar discusiones, ser confrontativo o cerrarse durante las conversaciones financieras, pueden obstaculizar las conversaciones productivas.

Desencadenantes emocionales: Los asuntos de dinero pueden desencadenar emociones profundamente arraigadas, como miedo, ansiedad, vergüenza o culpa. Estas emociones pueden estar ligadas a luchas financieras, traumas o inseguridades pasadas, lo que dificulta abordar las discusiones de manera racional.

Infidelidad financiera: la deshonestidad con respecto al dinero o las "trampas" financieras pueden erosionar la confianza en una relación. Gastar en secreto, ocultar deudas o tomar decisiones financieras importantes sin consultar a la pareja puede generar conflictos importantes.

Metas y prioridades financieras: Los socios pueden tener diferentes metas y prioridades financieras, como ahorrar para una casa, invertir en educación o planificar la jubilación. Cuando estos objetivos no están alineados, puede generar desacuerdos y dificultades para encontrar puntos en común.

Percepción de equidad: La equidad es crucial en asuntos financieros. Si uno de los socios siente que sus contribuciones o sacrificios no son reconocidos o correspondidos, puede surgir resentimiento e insatisfacción.

Roles y expectativas de género: las normas y expectativas sociales de género también pueden desempeñar un papel en las discusiones financieras. Los roles de género tradicionales pueden llevar a suposiciones sobre quién debería manejar las finanzas o ser el principal sostén de la familia, lo que puede causar conflictos en las relaciones modernas.

Miedo al juicio y al rechazo: hablar de problemas o errores financieros puede resultar desalentador, ya que las personas pueden temer el juicio o el rechazo de su pareja. Este miedo puede impedir una comunicación abierta y honesta sobre los desafíos financieros.

Falta de conocimientos financieros: si uno o ambos socios carecen de conocimientos financieros o tienen conocimientos limitados sobre la administración del dinero, esto puede llevar a decisiones desinformadas y a un mayor estrés durante las discusiones.

Navegar por estas dinámicas psicológicas requiere empatía, comunicación abierta y voluntad de comprender las perspectivas de los demás. Las parejas pueden beneficiarse de buscar asesoramiento profesional de asesores financieros o consejeros de relaciones para mejorar su comunicación financiera y trabajar juntos hacia objetivos financieros compartidos.

Compatibilidad financiera

La compatibilidad financiera se refiere al grado de armonía y acuerdo entre los individuos en una relación con respecto a sus actitudes, creencias y comportamientos relacionados con cuestiones de dinero. Abarca qué tan bien los socios se alinean en sus objetivos financieros, hábitos de gasto, prioridades de ahorro y valores financieros generales. Las parejas que son financieramente compatibles tienden a tener un enfoque más cohesivo para administrar el dinero, lo que genera menos conflictos y una mayor probabilidad de lograr sus objetivos financieros compartidos. Cuando ambos socios tienen valores financieros similares y están dispuestos a trabajar juntos hacia un futuro financiero común, se crea una base de confianza y respeto mutuo, fortaleciendo la salud general de la relación.

Sin embargo, es esencial tener en cuenta que la compatibilidad financiera no significa necesariamente tener ingresos o patrones de gasto idénticos, sino más bien la voluntad de comunicarse abiertamente, comprometerse y tomar decisiones financieras conjuntas que apoyen tanto el bienestar individual como los objetivos a largo plazo. El capítulo también aborda los desafíos psicológicos asociados con la dinámica de poder y el control en las finanzas compartidas. Explora cómo pueden surgir problemas de control, resentimiento y dependencia financiera dentro de las relaciones. Al presentar historias de la vida real y resultados de investigaciones, obtendrá información sobre la importancia de la distribución equitativa de las responsabilidades financieras y el poder de toma de decisiones, fomentando un sentido de asociación y justicia.

Libertad financiera individual y metas financieras colectivas

La libertad financiera individual se refiere a la capacidad de cada socio en una relación de tomar decisiones financieras independientes sin la necesidad de la aprobación o supervisión constante del otro. Permite a las personas administrar sus finanzas en función de sus valores y prioridades personales, promoviendo un sentido de autonomía y responsabilidad. Sin embargo, cuando se persigue la libertad financiera individual sin tener en cuenta los objetivos financieros colectivos, puede generar conflictos y desalineamiento financiero dentro de la relación. Equilibrar la autonomía financiera individual con objetivos financieros compartidos es esencial para fomentar una dinámica financiera sana y armoniosa entre los socios.

Las metas financieras colectivas implican establecer objetivos comunes por los que ambos socios trabajan como equipo. Estos objetivos pueden incluir ahorrar para compras importantes, pagar deudas juntos o planificar una seguridad financiera a largo plazo. La búsqueda de objetivos financieros colectivos fortalece el sentido de asociación y cooperación dentro de la relación, mejorando la confianza y la comunicación sobre cuestiones monetarias. Cuando ambos socios participan activamente en el establecimiento y el logro de estos objetivos, se crea un sentido de responsabilidad compartida y se refuerza la idea de que las decisiones financieras afectan a ambos individuos por igual. Lograr un equilibrio entre la libertad financiera individual y los objetivos financieros colectivos es clave para mantener una relación exitosa y financieramente estable.

Transiciones de vida y finanzas compartidas; ajustes psicológicos

Las transiciones de la vida, como el matrimonio, tener hijos o la jubilación, pueden tener impactos significativos en las finanzas compartidas. Cuando las personas se casan, a menudo combinan sus recursos y responsabilidades financieras, lo que da lugar a cuentas bancarias conjuntas, gastos compartidos y deudas potencialmente compartidas. Esta transición requiere comunicación abierta y planificación financiera para garantizar que ambos socios estén en sintonía con respecto a sus objetivos financieros, hábitos de gasto y aspiraciones a largo plazo. Además, tener hijos presenta nuevos desafíos financieros, ya que los costos de criar a un niño pueden ser sustanciales e incluir educación, atención médica y otras necesidades esenciales. Esto a menudo requiere ajustes en el presupuesto, el ahorro y potencialmente reevaluar las opciones profesionales para lograr un equilibrio entre mantener a la familia y lograr metas financieras personales. Por otro lado, la jubilación trae consigo su propio conjunto de ajustes financieros, a medida que las personas pasan de depender de un ingreso estable a depender de ahorros y pensiones. Es posible que las parejas necesiten evaluar sus ahorros para la jubilación, sus estrategias de inversión y sus opciones de estilo de vida para garantizar la seguridad financiera durante sus años de jubilación.

Psicológicamente, estas transiciones de la vida pueden ser a la vez emocionantes y estresantes. El matrimonio puede traer sentimientos de unidad y seguridad, pero también puede introducir estrés relacionado con la fusión de valores financieros y el manejo de conflictos potenciales. Tener hijos puede ser emocionalmente gratificante, pero también puede generar sentimientos de presión financiera e incertidumbre sobre el futuro. Adaptarse a la jubilación puede traer una mezcla de emociones, incluido el alivio del estrés relacionado con el trabajo, pero también la ansiedad por administrar las finanzas durante los años de jubilación. La comunicación y el apoyo mutuo son vitales durante estas transiciones de la vida para abordar los desafíos psicológicos y fomentar un sentido de trabajo en equipo para afrontar juntos los cambios financieros. Buscar asesoramiento y asesoramiento financiero profesional también puede proporcionar una orientación valiosa y aliviar el estrés psicológico durante estos períodos de transición. En general, gestionar eficazmente las finanzas compartidas y fomentar una fuerte conexión emocional puede conducir a una adaptación más fluida a las transiciones de la vida y crear una base sólida para el futuro.

Impacto del dinero en las relaciones familiares

El dinero puede tener un profundo impacto en las relaciones familiares, influyendo en la dinámica entre padres e hijos, hermanos y miembros de la familia extendida. El apoyo financiero juega un papel fundamental en la configuración de las relaciones entre padres e hijos, ya que puede afectar los sentimientos de independencia, responsabilidad y gratitud. Los padres que brindan asistencia financiera a sus hijos pueden encontrarse en un delicado equilibrio entre ofrecer apoyo y permitir la dependencia. Del mismo modo, los hijos adultos que brindan ayuda financiera a sus padres ancianos pueden experimentar un cambio en la dinámica de poder, y el niño asume el papel de cuidador. Las relaciones entre hermanos también pueden verse afectadas por el dinero, especialmente en casos de herencia. Las herencias pueden generar disputas y tensiones entre hermanos, especialmente si las decisiones de distribución se perciben como injustas o desiguales. La gestión del patrimonio intergeneracional puede presentar desafíos, ya que los miembros de la familia pueden lidiar con diferentes valores y prioridades financieras. Estas situaciones pueden fortalecer los vínculos familiares a través de una comunicación abierta y planificación financiera o provocar distanciamiento y conflictos cuando el dinero se convierte en una fuente de discordia.

La riqueza intergeneracional tiene un impacto duradero en la dinámica de la familia extendida. Cuando se transmite una riqueza significativa, se pueden crear oportunidades de educación, crecimiento personal y seguridad financiera para las generaciones futuras. Sin embargo, también puede introducir complejidades en términos de expectativas y responsabilidades financieras. La distribución de la riqueza puede generar celos y rivalidades entre los miembros de la familia extensa, provocando fracturas en relaciones que alguna vez fueron muy unidas. Además, la gestión de empresas familiares o activos compartidos puede requerir directrices y estructuras de gobernanza claras para mantener la armonía y evitar disputas. Lograr un equilibrio entre la preservación de los lazos familiares y el manejo responsable de la riqueza se vuelve crucial para garantizar que el dinero sirva como una fuerza unificadora y no divisiva dentro de las familias extendidas. La comunicación eficaz y los valores compartidos en torno al dinero pueden fomentar un sentido de unidad y colaboración, permitiendo a las familias construir un legado que se extiende más allá de la riqueza material.

Generar confianza, comunicación y objetivos financieros compartidos.

La comunicación eficaz, la confianza y los objetivos financieros compartidos desempeñan un papel vital en la configuración del bienestar general de las parejas y las familias. Cuando la comunicación es abierta y honesta, los socios pueden expresar sus preocupaciones, aspiraciones y temores financieros sin temor a ser juzgados. Este nivel de transparencia genera confianza dentro de la relación, fomentando una conexión más profunda y una intimidad emocional. Por ejemplo, mi pareja y yo habíamos tenido dificultades para hablar de dinero en las primeras etapas de nuestra relación, lo que generó estrés y malentendidos innecesarios. Sin embargo, una vez que comenzamos a comunicar abiertamente sobre nuestra situación y objetivos financieros, nos resultó más fácil trabajar juntos como equipo y abordar cualquier desafío financiero que surgiera.

La confianza es la base de cualquier relación sólida y, cuando se trata de finanzas, no es diferente. Confiar mutuamente responsabilidades financieras compartidas genera una sensación de seguridad y estabilidad. La experiencia de mis padres sirve de ejemplo; A lo largo de su matrimonio, juntaron sus recursos, compartieron decisiones financieras y apoyaron las aspiraciones financieras de cada uno. Esto no sólo condujo a mejores resultados financieros sino que también creó una sensación de unidad y apoyo emocional dentro de la familia.

Tener objetivos financieros compartidos alinea a las parejas y familias hacia un propósito común. Cuando los socios están en sintonía acerca de sus prioridades financieras, pueden trabajar en colaboración para lograrlas. Por ejemplo, mi hermana y su esposo decidieron ahorrar para tener unas vacaciones de ensueño juntos. Al establecer una meta conjunta y contribuir a una cuenta de ahorros específica, fortalecieron su vínculo y la anticipación del viaje trajo entusiasmo y alegría a sus vidas.

Por otro lado, la falta de comunicación, confianza o objetivos financieros compartidos puede generar estrés y conflictos. La relación de mi amigo sufrió debido a la ausencia de un diálogo abierto sobre las finanzas y las personalidades monetarias en conflicto. Las discusiones resultantes y la falta de confianza los hicieron sentir emocionalmente desconectados, lo que afectó no solo su relación sino también su bienestar general.

Entonces, la comunicación efectiva, la confianza y los objetivos financieros compartidos son pilares fundamentales que contribuyen al bienestar general de las parejas y las familias. Fomentan la intimidad emocional, crean una sensación de seguridad y promueven la unidad en el trabajo hacia objetivos comunes. Al aprender de las experiencias de la vida real, podemos reconocer el profundo impacto que estos factores tienen en las relaciones, enfatizando la importancia de priorizar la comunicación abierta, el fomento de la confianza y el establecimiento de objetivos financieros compartidos para llevar una vida plena y armoniosa juntos.

Facilitar conversaciones productivas sobre dinero en una relación requiere esfuerzos intencionales y voluntad de comunicarse abiertamente. Aquí hay estrategias prácticas que pueden ayudar a las parejas a tener discusiones constructivas sobre finanzas:

1. Establezca controles periódicos: reserve tiempo para conversaciones periódicas sobre dinero. Esta podría ser una "cita monetaria" mensual o bimestral en la que ambos socios se reúnen para revisar su situación financiera, discutir el progreso hacia objetivos compartidos y abordar cualquier inquietud o cambio de circunstancias. Crear un cronograma consistente para estos controles ayuda a normalizar las conversaciones sobre dinero y garantiza que ambos socios estén en sintonía sobre sus asuntos financieros.

2. Practique la escucha activa: durante las conversaciones sobre dinero, es esencial practicar la escucha activa. Esto significa prestarse toda la atención, mostrar empatía y tratar de comprender las emociones y preocupaciones detrás de las palabras. Evite interrumpir o sacar conclusiones precipitadas. La escucha activa fomenta un entorno de apoyo en el que ambos socios se sienten escuchados y valorados, lo que reduce la actitud defensiva y crea espacio para la resolución constructiva de problemas.

3. Busque compromisos: reconozca que las diferencias en las personalidades monetarias y las prioridades financieras son naturales. En lugar de ver estas diferencias como obstáculos, acérquese a ellas como oportunidades para llegar a un acuerdo. Cada socio debe estar dispuesto a hacer concesiones y encontrar un punto medio que se alinee con sus objetivos financieros compartidos. Por ejemplo, si uno de los socios está más inclinado a ahorrar para el futuro mientras que el otro disfruta gastando en experiencias, pueden acordar reservar una parte de sus ingresos para ahorros y destinar una parte a experiencias planificadas.

4. Identificación de objetivos compartidos: céntrese en identificar objetivos financieros compartidos como pareja. Discuta y articule lo que ambos quieren lograr a corto y largo plazo. Esto podría incluir objetivos como comprar una casa, ahorrar para la jubilación, pagar deudas o formar una familia. Tener objetivos comunes proporciona una fuerza unificadora en las discusiones sobre dinero y los motiva a ambos a trabajar juntos para lograr esos objetivos. Alinear sus aspiraciones fomenta un sentido de unidad y fortalece la asociación a medida que enfrentan juntos los desafíos y éxitos financieros.

5. Establecer límites de gastos: acuerde límites de gastos para gastos discrecionales. Es fundamental lograr un equilibrio entre disfrutar la vida y ahorrar para el futuro.

6. Enseñe a los niños sobre el dinero: si tiene hijos, edúquelos sobre la administración del dinero desde una edad temprana. Enséñeles sobre el ahorro, la elaboración de presupuestos y el valor del dinero para promover la educación financiera.

7. Asigne responsabilidades: divida las responsabilidades financieras según las fortalezas e intereses de cada persona. Por ejemplo, una persona puede encargarse de los pagos de facturas, mientras que la otra gestiona las inversiones. Sin embargo, ambos deben tener un conocimiento general de todos los asuntos financieros.

Al incorporar estas estrategias en conversaciones sobre dinero (que no se limitan a ellas), las parejas pueden fomentar un ambiente positivo y productivo para discutir sus finanzas. Los controles regulares crean un espacio seguro para las discusiones financieras, la escucha activa genera comprensión y empatía, y la búsqueda de compromisos refuerza la idea de trabajar juntos como un equipo para lograr sus objetivos financieros compartidos. Este enfoque colaborativo no sólo fortalece la relación sino que también ayuda a crear un futuro financiero más saludable para ambos socios.

GENEROSIDAD Y ABUNDANCIA: LA PSICOLOGÍA DEL DAR

- Explorando las recompensas psicológicas de la generosidad y la filantropía.
- Estrategias para incorporar donaciones caritativas en la planificación financiera personal.
- El impacto de dar en el bienestar y la realización general.

La relación entre dinero y bienestar es compleja y varios factores psicológicos influyen en nuestra sensación de felicidad financiera. En un nivel fundamental, el dinero juega un papel crucial para satisfacer nuestras necesidades básicas, como alimentos, vivienda y atención médica, que son esenciales para un cierto nivel de bienestar y seguridad. Las investigaciones han demostrado que las personas con niveles de ingresos más altos tienden a informar una mayor satisfacción con la vida y bienestar general en comparación con aquellos con ingresos más bajos.

Sin embargo, la correlación entre dinero y bienestar no es lineal y, más allá de cierto umbral, el impacto del ingreso adicional en la felicidad general disminuye. Este fenómeno se conoce como la "paradoja de Easterlin". Los psicólogos sugieren que este efecto decreciente puede deberse al proceso de adaptación, donde los individuos se acostumbran a su situación financiera mejorada y sus aspiraciones de una riqueza aún mayor continúan creciendo.

Además, la forma en que percibimos nuestro estado financiero está fuertemente influenciada por la comparación social. La hipótesis del ingreso relativo postula que las personas juzgan su bienestar no sólo en función de su ingreso absoluto sino también en comparación con otros. Esta comparación social puede generar sentimientos de insatisfacción y estrés financiero si las personas se perciben a sí mismas como rezagadas respecto de sus pares o de las expectativas sociales.

Además, nuestras actitudes hacia el dinero y la toma de decisiones financieras pueden afectar significativamente nuestro bienestar. Por ejemplo, las personas que adoptan comportamientos financieros prudentes, como hacer presupuestos, ahorrar y evitar deudas innecesarias, tienden a experimentar una mayor seguridad financiera y, en consecuencia, mayores niveles de bienestar. Por otro lado, aquellos que constantemente persiguen posesiones materiales y adoptan una mentalidad materialista a menudo experimentan un menor bienestar, ya que la búsqueda de riqueza material puede ser un ciclo interminable e insatisfactorio.

Sin duda, el dinero juega un papel vital en nuestro bienestar general al satisfacer las necesidades esenciales y brindar una sensación de seguridad. Sin embargo, más allá de cierto punto, el impacto del dinero en la felicidad disminuye debido a factores psicológicos como la adaptación y la comparación social. Cultivar actitudes y comportamientos financieros saludables puede mejorar nuestra felicidad financiera, enfatizando la importancia de encontrar un equilibrio entre satisfacer nuestras necesidades materiales y nutrir fuentes no materiales de bienestar, como las relaciones, el crecimiento personal y las experiencias.

En la psicología del dinero, el bienestar financiero va más allá de la mera acumulación de riqueza y se extiende a las recompensas psicológicas de la generosidad y la filantropía. Las investigaciones han demostrado que dar y participar en actos de generosidad puede tener efectos positivos significativos en el bienestar y la felicidad general de un individuo. Cuando donamos a causas benéficas o ayudamos a otros necesitados, se activan regiones del cerebro asociadas con la recompensa y el placer, lo que a menudo se conoce como la "euforia del ayudante". Esta respuesta emocional positiva refuerza el comportamiento prosocial, animando a las personas a seguir realizando actos de bondad y generosidad.

Además, participar en actividades filantrópicas puede fomentar un sentido de propósito y significado en la vida. Cuando contribuimos a causas que nos importan, se crea una conexión más profunda con nuestros valores y creencias, proporcionando una sensación de plenitud y satisfacción. Este sentido de propósito puede ser particularmente impactante en momentos de desafíos personales o cuando se enfrentan cuestiones existenciales, ya que cambia el enfoque de las preocupaciones individuales al bienestar de los demás y de la comunidad en general.

Además, la filantropía puede fortalecer las conexiones sociales y construir una red de apoyo. Participar en actividades caritativas a menudo implica colaborar con personas y organizaciones con ideas afines, fomentando un sentido de pertenencia y cohesión social. Además, cuando otros presencian actos de generosidad, puede inspirarlos a seguir su ejemplo, creando un efecto dominó positivo y contribuyendo a una sociedad más compasiva y empática.

De hecho, el bienestar financiero en la psicología del dinero se extiende más allá de la riqueza individual para incluir las recompensas psicológicas de la generosidad y la filantropía. Participar en actos de bondad y contribuir a causas benéficas no solo genera una sensación de alegría y propósito, sino que también mejora las conexiones sociales y contribuye al bienestar de la comunidad en general. Fomentar y fomentar una cultura de generosidad puede ser una manera poderosa de promover el bienestar tanto individual como colectivo en la sociedad.

Caminadora hedónica

El concepto de rutina hedónica también se puede aplicar al bienestar financiero, particularmente en relación con la generosidad y la filantropía. Cuando las personas experimentan un aumento en sus ingresos o recursos financieros, inicialmente pueden sentir un aumento de felicidad y satisfacción. Sin embargo, con el tiempo, tienden a adaptarse al nuevo nivel de ingresos y la oleada inicial de felicidad puede disminuir, llevándolos a buscar niveles aún más altos de ingresos o riqueza material para mantener o aumentar su bienestar percibido. Esta búsqueda constante de más puede crear un ciclo interminable de lucha por obtener ganancias financieras sin lograr una sensación duradera de satisfacción.

La generosidad y la filantropía pueden ofrecer una forma única de interrumpir la búsqueda continua de recompensas externas en la rutina hedónica. Al redirigir algunos de sus recursos financieros hacia causas benéficas y ayudar a otros, las personas pueden experimentar una forma diferente de felicidad, una que tiene sus raíces en la satisfacción de tener un impacto positivo en las vidas de los demás y contribuir al bien común. Participar en actos de generosidad permite a las personas experimentar la "euforia del ayudante" y encontrar un sentido de propósito más allá de sus propios intereses materiales, creando una forma de bienestar más profunda y satisfactoria.

Además, practicar la generosidad y la filantropía puede fomentar una perspectiva más equilibrada del bienestar financiero. En lugar de centrarse únicamente en acumular riqueza para beneficio personal, las personas que adoptan los principios de dar pueden desarrollar una relación más sana y sostenible con el dinero. Pueden liberarse de la constante búsqueda de recompensas externas en la rutina y encontrar satisfacción al fomentar sus valores internos, empatía y compasión, lo que los lleva a una sensación más profunda y duradera de bienestar financiero que se extiende más allá de la riqueza individual.

El concepto de rutina hedónica se aplica al bienestar financiero, ya que las personas pueden quedar atrapadas en un ciclo de búsqueda constante de más riqueza material sin lograr una felicidad duradera. La generosidad y la filantropía ofrecen un camino alternativo hacia el bienestar financiero, permitiendo a las personas experimentar satisfacción y propósito al ayudar a otros y contribuir a causas significativas. Al adoptar una mentalidad de dar, las personas pueden liberarse de la rutinaria búsqueda de recompensas externas y encontrar formas más profundas y sostenibles de bienestar financiero basadas en la empatía, la compasión y el impacto social.

Estabilidad y seguridad financiera

La estabilidad y la seguridad financieras desempeñan un papel crucial al permitir que las personas participen en actos de generosidad y filantropía, contribuyendo en última instancia a su bienestar y realización generales. Un ejemplo convincente de la vida real es el de Michael, un empresario exitoso que logró estabilidad financiera gracias a su arduo trabajo y dedicación. Con un negocio próspero y una base financiera sólida, Michael sintió una sensación de seguridad que le permitió concentrarse más allá de sus necesidades personales. Esta nueva estabilidad le permitió apoyar activamente causas benéficas cercanas a su corazón. Comenzó a financiar programas educativos para niños desfavorecidos y a brindar asistencia financiera a familias con dificultades. Participar en la filantropía no solo le brindó un profundo sentido de propósito y felicidad, sino que también mejoró su bienestar general, sabiendo que estaba teniendo un impacto positivo en las vidas de los demás.

La estabilidad y la seguridad financieras crean un colchón que permite a personas como Michael contribuir a la sociedad de manera significativa. Cuando las personas están agobiadas por el estrés financiero y la incertidumbre, su atención tiende a centrarse principalmente en la supervivencia, dejando poco espacio para las iniciativas caritativas. Por otro lado, con estabilidad financiera, las personas pueden ser más empáticas, compasivas y estar dispuestas a compartir sus recursos con quienes los necesitan. Además, participar en la filantropía puede generar una sensación de conexión y satisfacción que trasciende la riqueza material y contribuye al bienestar mental y emocional. El acto de dar no sólo beneficia a quienes lo reciben, sino que también nutre el alma de quien da, fomentando un circuito de retroalimentación positiva que mejora la felicidad y la satisfacción general.

La estabilidad y la seguridad financieras permiten a las personas abrazar la generosidad y la filantropía, lo que genera un profundo impacto en su bienestar general. Historias de la vida real como la de Michael demuestran que cuando las personas tienen seguridad financiera, tienen la capacidad de marcar una diferencia positiva en las vidas de los demás. Participar en actos de dar y contribuir a causas significativas no sólo enriquece la vida de quienes reciben ayuda, sino que también brinda un profundo sentido de propósito y satisfacción al donante, fomentando una vida más plena y completa.

Donaciones caritativas y finanzas personales

Incorporar donaciones caritativas en la planificación financiera personal implica estrategias bien pensadas para alinear las metas filantrópicas con los objetivos financieros generales. En primer lugar, las personas deben establecer un presupuesto que incluya una parte designada para contribuciones caritativas. Al tratar las donaciones caritativas como un gasto regular, se convierten en una parte integral de su plan financiero, garantizando un apoyo constante a las causas que les interesan. Además, explorar opciones de donaciones eficientes desde el punto de vista fiscal, como la creación de fondos asesorados por donantes o la contribución a distribuciones benéficas calificadas desde cuentas de jubilación, puede maximizar el impacto de las donaciones y, al mismo tiempo, proporcionar beneficios fiscales potenciales.

La psicología del dinero juega un papel importante a la hora de influir en la generosidad y la filantropía. Reconocer las recompensas intrínsecas de dar puede motivar a las personas a incorporar las donaciones caritativas en su planificación financiera. Comprender los beneficios psicológicos de la generosidad, como mayores sentimientos de felicidad, realización y sentido de propósito, puede reforzar la decisión de retribuir. Además, definir objetivos filantrópicos claros e identificar causas que resuenan con los valores personales puede crear una fuerte conexión emocional con el acto de dar, lo que hace que sea más probable que se le dé prioridad en los planes financieros.

Además, las personas pueden aprovechar ganancias financieras inesperadas o cambios positivos en su situación financiera, como recibir bonificaciones o aumentos salariales, para aumentar sus contribuciones caritativas. Adoptar una mentalidad de abundancia en lugar de escasez puede fomentar una mayor disposición a compartir recursos con quienes los necesitan. De esta manera, las personas pueden utilizar los eventos financieros positivos como oportunidades para amplificar su impacto y reforzar la idea de que el éxito financiero puede estar entrelazado con marcar una diferencia positiva en el mundo.

Por último, buscar asesoramiento de asesores financieros o profesionales con experiencia en filantropía puede ayudar a las personas a tomar decisiones bien informadas sobre donaciones caritativas. Estos expertos pueden brindar información sobre las implicaciones fiscales, estrategias de donaciones eficientes y ayudar a alinear los objetivos caritativos con los planes financieros a largo plazo. Al incorporar las donaciones caritativas en la planificación financiera personal, las personas pueden experimentar la satisfacción que se obtiene al generar un impacto positivo en los demás y, al mismo tiempo, cultivar una relación saludable con el dinero que va más allá del beneficio personal.

Relación compleja entre dinero y bienestar

La relación entre dinero y bienestar es compleja y multifacética. Si bien tener suficientes recursos financieros puede brindar una sensación de seguridad, comodidad y oportunidades, las investigaciones indican que más allá de cierto umbral, la correlación entre dinero y felicidad disminuye. Los estudios muestran que una vez que se satisfacen las necesidades básicas, factores como las relaciones significativas, el sentido de propósito y las experiencias contribuyen más significativamente al bienestar general que la riqueza material. La búsqueda de riqueza o posesiones materiales excesivas puede provocar estrés, ansiedad y una sensación de vacío, lo que indica que el vínculo entre el dinero y el bienestar no es lineal sino que está influenciado por diversos factores psicológicos y sociales.

En la psicología del dinero, la generosidad y la filantropía pueden impactar profundamente el bienestar. Participar en actos de dar activa el sistema de recompensa del cerebro, liberando neuroquímicos asociados con el placer y las emociones positivas. Este fenómeno, conocido como la "euforia del ayudante", subraya los beneficios psicológicos inherentes a dar. La generosidad puede fomentar un sentido de conexión con los demás y la comunidad, promoviendo vínculos sociales y un sentimiento de pertenencia. Además, la filantropía puede proporcionar un sentido de propósito y significado a la vida, ya que las personas se sienten satisfechas al generar un impacto positivo en los demás y contribuir a causas significativas. Este cambio de un enfoque egocéntrico a una mentalidad más altruista puede conducir a un mayor bienestar y una relación más equilibrada con el dinero.

En resumen, el impacto del dinero en el bienestar tiene matices, con un rendimiento decreciente de la felicidad más allá de satisfacer las necesidades básicas. La psicología del dinero revela que la generosidad y la filantropía desempeñan un papel importante a la hora de influir en el bienestar al desencadenar emociones positivas, fomentar conexiones y proporcionar un sentido de propósito. Cultivar un enfoque equilibrado hacia el dinero, donde la generosidad se integre en la toma de decisiones financieras, puede conducir a una vida más plena y contenta, fortaleciendo el vínculo entre el dinero y el bienestar general.

El impacto de dar en el bienestar y la realización general

El impacto de dar en el bienestar y la realización general es profundo, ya que aprovecha los aspectos psicológicos fundamentales de la naturaleza humana. Participar en actos de generosidad desencadena una variedad de emociones positivas, como felicidad, alegría y una sensación de plenitud. El acto de ayudar a los demás activa el sistema de recompensa del cerebro, liberando neuroquímicos como la dopamina y la oxitocina, que están asociados con el placer y los vínculos sociales. Este fenómeno, conocido como "euforia del ayudante", contribuye a una sensación general de bienestar y refuerza el ciclo positivo de dar.

En la psicología del dinero, dar también puede conducir a un cambio en la mentalidad y la relación con el dinero. Cuando las personas adoptan un enfoque más altruista de las finanzas, se alejan de una perspectiva puramente egocéntrica , que puede aliviar los sentimientos de deseo materialista y de comparación. En lugar de buscar riqueza únicamente para beneficio personal, las personas encuentran significado y propósito al utilizar sus recursos para generar un impacto positivo en las vidas de los demás. Este cambio de enfoque de la acumulación a la contribución puede conducir a una relación más equilibrada y satisfactoria con el dinero.

Además, dar crea un sentido de conexión y pertenencia a una comunidad más amplia. Al contribuir a causas que se alinean con sus valores, las personas se sienten parte de algo más grande que ellos mismos, fomentando un sentido más profundo de propósito e identidad. Este sentido de pertenencia puede conducir a una reducción de los sentimientos de aislamiento y a un mayor apoyo social, los cuales son vitales para el bienestar general y la salud mental.

En última instancia, el impacto de dar en el bienestar y la realización general se extiende más allá del acto inmediato de donación. Se convierte en una forma de vida que fomenta un sentido de propósito, mejora las conexiones sociales y fomenta una perspectiva positiva de la vida. Incorporar la generosidad a la psicología del dinero puede provocar una profunda transformación en la relación con la riqueza y contribuir a una existencia más significativa y satisfactoria.

.

EPÍLOGO

En este cautivador viaje a través de las páginas de "Psicología del dinero: Descubriendo los secretos de la libertad financiera", hemos profundizado en la intrincada red de emociones, comportamientos y creencias humanas que se entrelazan con las enigmáticas fuerzas de la riqueza. A lo largo de esta exploración, hemos descubierto conocimientos profundos que desafían la sabiduría convencional y redefinen nuestra comprensión del papel del dinero en nuestras vidas.

Al concluir esta odisea transformadora, reflexionemos sobre las lecciones clave aprendidas. Más allá de los simples dólares y centavos, nuestra relación con el dinero es un reflejo de nuestros miedos, deseos y aspiraciones más profundos. Al adoptar una visión más holística de la riqueza, desbloqueamos el verdadero potencial de la libertad financiera, no sólo en nuestras cuentas bancarias sino también en nuestros corazones y mentes.

Hemos descubierto que la generosidad y la filantropía no son meros actos de donación, sino profundas fuentes de realización y propósito. A través del acto de ayudar a los demás, encontramos una armonía única entre nuestra abundancia material y nuestra capacidad humana innata de compasión.

Al comprender la psicología del dinero, hemos aprendido que el éxito financiero no se mide únicamente por el tamaño de nuestro saldo bancario, sino por la tranquilidad y la satisfacción que obtenemos al alinear nuestras elecciones financieras con nuestros valores y aspiraciones.

Entonces, mientras nos despedimos de este cautivador viaje, llevemos a nuestras vidas la sabiduría adquirida en "Psicología del dinero: Descubriendo los secretos de la libertad financiera". Que podamos fomentar una relación más saludable con el dinero, una que fomente el crecimiento personal, potencie nuestra búsqueda de un propósito y nos permita tener un impacto positivo en el mundo que nos rodea.

Y recuerde, la verdadera riqueza no reside en la acumulación de posesiones sino en la riqueza de las vidas que tocamos, los sueños que inspiramos y los legados que dejamos atrás. Con una comprensión y compasión recién descubiertas, naveguemos por nuestros viajes financieros con valentía, sabiduría y una creencia inquebrantable en las posibilidades ilimitadas que tenemos por delante.

SOBRE EL AUTOR

Ibrahim Rasaq Ibrahim Rasaq es un apasionado escritor de libros con gran interés en todo tipo de ficción, literatura infantil, poesía, amor y romance, cómics, acción y aventuras, entre otros.

Aunque es especialista en gestión de información sanitaria de profesión y su hobby es escribir, también le encanta jugar al tenis de mesa.

Se interesa en debates como opiniones políticas, relaciones y emociones, dinero y negocios, diversidad cultural y mucho más.

www.ingramcontent.com/pod-product-compliance
Lightning Source LLC
Chambersburg PA
CBHW062333290526
45794CB00005B/2017